伊洛淵源録

（一）

宋・朱熹 撰

中國書店

詳校官編修臣周瓊

臣紀昀覆勘

欽定四庫全書　　史部七

伊洛淵源録　　傳記類雜録之屬

提要

臣等謹案伊洛淵源録十四卷宋朱子撰記周子以下及程子交遊門弟子言行其身列程門而言行無所表見甚若邢恕之反相擠害者亦具録其名氏以備攷其後宋史道學儒林諸傳多據此為之葢宋人談道學宗派

自此書始而宋人分道學門戶亦自此書始厥後聲氣攀援轉相依附其君子各執意見或釀為水火之爭其小人假借因緣或無所不至葉紹翁四朝聞見録曰程源為伊川嫡孫無聊殊甚嘗鬻米於臨安新門之草橋後有教之以干當路者著為道學正統圖自考亭以下勦入當事姓名遂特授初品因除二令又以輪對改合入官遷寺監丞是直以伊

洛爲市矣然朱子著書之意則固以前言往行矜式後人未嘗逆料及此或因是併議此書是又以噎而廢食也乾隆四十九年正月恭校上

總纂官臣紀昀臣陸錫熊臣孫士毅

總校官臣陸費墀

欽定四庫全書

伊洛淵源録卷一

宋　朱子　撰

濂溪先生

事狀

先生世家道州營道縣濂溪之上姓周氏名惇實字茂叔後避英宗舊名改惇頤用舅氏龍圖閣學士鄭公向奏授洪州分寧縣主簿縣有獄久不決先生至一訊立

辨衆口交稱之部使者薦以爲南安軍司理參軍移郴及桂陽令用薦者改大理寺丞知洪州南昌縣事簽書合州判官事通判虔州事改永州權發遣郚州事熙寧初用趙清獻公吕正獻公薦爲廣南東路轉運判官改提點刑獄公事未幾而病亦會水齧其先墓遂求南康軍以歸既葬上其印綬分司南京時趙公再尹成都復奏起先生朝命及門而先生卒矣熙寧六年六月七日也年五十有七葬江州德化縣清泉社先生博學力行

聞道甚早遇事剛果有古人風為政精密嚴恕務盡道理嘗作太極圖易說易通數十篇在南安時年少不為守所知洛人程公珦攝通守事視其氣貌非常人與語知其為學知道也因與為友且使其二子往受學焉及為郎故事當舉代每一遷授輒以先生名聞在郴時郡守李公初平知其賢與之語而歎曰吾欲讀書何如先生曰公老無及矣某也請得為公言之于是初平日聽先生語二年果有得而程公二子即所謂河南二先生

者也南安獄有囚法不當死轉運使王逵欲深治之逵苛刻吏無敢與相可否先生獨力爭之不聽則置手板歸取告身委之而去曰如此尚可仕乎殺人以媚人吾不為也逵亦感悟囚得不死在郴桂陽皆有治績來南昌縣人迎喜曰是能辨分寧獄者吾屬得所訴矣于是更相告語莫敢違教命蓋不惟以抵罪為憂實以汙善政為恥也在合州事不經先生手吏不敢決苟下之民不肯從蜀之賢人君子皆喜稱之趙公時為使者人或讒

先生趙公臨之甚威而先生處之超然然趙公疑終不釋及守虔先生適佐州事趙公熟視其所為乃寤執其手曰幾失君矣今日乃知周茂叔也于邵州新學校以教其人及使嶺表不憚出入之勤瘴毒之侵雖荒崖絶島人跡所不至者亦必緩視徐按務以洗冤澤物為己任設施措置未及盡其所為而病以歸矣自少信古好義以名節自砥礪奉己甚約俸禄盡以周宗族奉賓友家或無百錢之儲李初平卒子幼護其喪歸葬之又往

來經紀其家始終不懈及分司而歸妻子饘粥或不給
而亦曠然不以為意也襟懷飄灑雅有高趣尤樂佳山
水遇適意處或徜徉終日廬山之麓有溪焉發源于蓮
華峰下潔清紺寒下合于湓江先生濯纓而樂之因寓
以濂溪之號而築書堂于其上豫章黃太史庭堅詩而
序之曰茂叔人品甚高胷中灑落如光風霽月知德者
亦深有取于其言云

遺事十四條

伊川先生作其父大中公家傳曰公嘗假倅南安軍獄掾周惇實甚少不為守所知公視其氣貌非常人與語果為學知道者因與為友及為郎官故事當舉代每遷授輒一薦之

伊川先生作明道先生行狀曰先生自十五六時聞汝南周茂叔論道遂厭科舉之業慨然有求道之志

河間劉立之敘述明道先生事曰先生從汝南周惇頤問學窮性命之理率性會道體道成德出入孔孟從容

不勉

程氏門人記二先生語曰昔授學于周茂叔每令尋仲尼顔子樂處所樂何事

又曰明道先生言自再見周茂叔後吟風弄月以歸有吾與點也之意

又曰李初平見周茂叔云某欲讀書如何茂叔云公老矣無及矣待某只說與公初平遂聽說話二年乃覺悟

又曰王君䝉嘗見茂叔為與茂叔世契便受拜及坐問

大風起說大畜卦君睍乃起曰適來不知受卻公拜今卻當請納拜茂叔走避君睍此一事卻過人謝用休問當受拜不當受拜曰分已定不受乃是一本作風天小畜卦

又曰田獵自謂今無此好周茂叔曰何言之易也但此心潛隱未發一日萌動復如初矣後十二年因見果知未也明道年十六七時好田獵既而自謂已無此好聞周先生此語後十二年暮歸在田閒見獵者不覺有喜心

又曰周茂叔窗前草不除去問之云與自家意思一般

子厚觀驢鳴亦謂如此

又曰周茂叔謂荀子元不識誠伯淳曰既誠矣心焉用養邪荀子不知誠

邵伯温作易學辨惑記康節先生事曰伊川同朱光庭公掞訪先君先君留之飲酒因以論道伊川指面前食卓曰此卓安在地上不知天地安在甚處先君為極論天地萬物之理以及六合之外伊川歎曰平生惟見周茂叔論至此

呂本中作童蒙訓曰正獻公在侍從聞茂叔名力薦之自常調除轉運判官茂叔以啟謝正獻公云在薄宦有四方之遊于高賢無一日之雅

營道何棄仲農父自作營道齋詩序曰營道縣出郭三十里而近有村落曰濂溪周氏家焉族衆而業儒至先生遠宦弛肩廬阜力不能返故居乃結屋臨流寓濂溪之名志鄉關在目中也蘇黃二公與之同時而所為賦詩皆失本意文字傳誤吁可歎已濂溪之周至今蕃衍

云

邢恕和叔叙述明道先生事云茂叔聞道甚早王荆公為江東提點刑獄時已號為通儒茂叔遇之與語連日夜荆公退而精思至忘寢食

伊洛淵源録卷一

欽定四庫全書

伊洛淵源録卷二

宋 朱子 撰

明道先生

行狀　　伊川先生

曽祖希振皇任尚書虞部員外郎妣高密縣君崔氏祖遹皇贈開府儀同三司吏部尚書妣孝感縣太君張氏長安縣太君張氏父珦見任大中大夫致仕母壽安縣

君侯氏先生名顥字伯淳姓程氏其先曰喬伯為周大司馬封于程後遂以為氏先生五世而上居中山之博野高祖贈太子少師諱羽太宗朝以輔翊功顯賜第于京師居再世曾祖而下葬河南今為河南人先生生而神氣秀爽異于常兒未能言叔祖母任氏太君抱之行不覺釵墜後數日方求之先生以手指示隨其所指而往果得釵人皆驚異數歲誦詩書強記過人十歲能為詩賦十二三時羣居庠序中如老成人見者無不愛重

故戶部侍郎彭公思永謝客至學舍一見異之許妻以女踰冠中進士第調京兆府鄠縣主簿令以其年少未知之民有借其兄宅以居者發地中藏錢兄之子訴曰父所藏也令曰此無證佐何以決之先生曰此易辨爾問兄之子曰爾父藏錢幾何時矣曰四十年矣彼借宅居幾何時矣曰二十年矣即遣吏取錢十千視之謂借宅者曰今官所鑄錢不五六年即遍天下此錢皆爾未藏前數十年所鑄何也其人遂服令大奇之南山僧舍

有石佛歲傳其首放光遠近男女聚觀晝夜雜處為政者畏其神莫敢禁止先生始至詰其僧曰吾聞石佛歲現光有諸曰然戒曰俟復現必先白吾職事不能往當取其首就觀之自是不復有光矣府境水害倉卒興役諸邑宰皆狼狽惟先生所部飲食茇舍無不安便時盛暑泄利大行死亡甚衆獨鄠人無死者所至治役人不勞而事集常謂人曰吾之董役乃治軍法也當路者欲薦之多問所欲先生曰薦士當以才之所堪不當問所

欲再朞以避親罷再調江寧府上元縣主簿田税不均比他邑尤甚蓋近府美田為貴家冨室以厚價薄其税而買之小民苟一時之利久則不勝其弊先生為令畫法民不知擾而一邑大均其始冨者不便多為浮論欲撓止其事既而無一人敢不服者後諸路行均税法邑官不足益以他官經歲歴時文案山積而尚有訴不均者計其力比上元不啻千百矣會令罷去先生攝邑事上元劇邑訴訟日不下二百為政者疲于省覽矣暇及

治道先生處之有方不閱月民訟遂簡江南稻田賴陂塘以溉盛夏塘堤大決計非千夫不可塞法當言之府府稟于漕司然後計工調役非月餘不能興作先生曰比如是苗槁久矣民將何食救民獲罪所不辭也遂發民塞之歲則大熟江寧當水運之衝舟卒病者則留之為營以處曰小營子歲不下數百人至者輒死先生察其由蓋既留然後請于府給劵乃得食比有司文具則困于飢已數月矣先生白漕司給米貯營中至者與之

食自是生全者大半措置于纖微之間而人已受賜如此之比所至多矣先生常云一命之士苟存心于愛物于人必有所濟仁宗登遐遺制官吏成服三日而除三日之朝府尹率羣官將釋服先生進曰三日除服遺詔所命莫敢違也請盡今日若朝而除之所服止二日爾尹怒不從先生曰公自除之某非至夜不敢釋也一府相視無敢除者茅山有龍池其龍如蜥蜴而五色祥符中中使取二龍至中途中使奏一龍飛空而去自昔嚴

奉以為神物先生嘗捕而脯之使人不惑其始至邑見人持竿以黏飛鳥取其竿折之教之使勿為及罷官艤舟郊外有數人共語自主簿折黏竿鄉民子弟不敢畜禽鳥不嚴而令行大率如此再朞就移澤州晉城令澤人淳厚尤服先生教命民以事至邑者必告之以孝悌忠信入所以事父兄出所以事長上度鄉村遠近為伍保使之力役相助患難相卹而奸偽無所容凡孤煢殘廢者責之親戚鄉黨使無失所行旅出于其塗者疾病

皆有所養諸鄉皆有校暇時親至召父老而與之語兒童所讀書親為正句讀教者不善則為易置俗始甚野不知為學先生擇子弟之秀者聚而教之去邑纔十餘年而服儒服者蓋數百人矣鄉民為社會為立科條旌别善惡使有勸有恥邑幾萬室三年之間無强盜及鬭死者秩滿代者且至吏夜叩門稱有殺人者先生曰吾邑安有此誠有之則某村某人也問之果然家人驚異問何以知之曰吾常疑此人惡少之弗革者也河東財

賦窘迫官所科買歲為民患雖至賤之物至官取之則其價翔湧多者至數十倍先生常度所需使富家預儲定其價而出之富室不失倍息而鄉民所費比常歲十不過二三民税常移近邊載往則道遠就糴則價高先生擇富民之可任者預使購粟邊郡所費大省民力用紓縣庫有雜納錢數百千常借以補助民力部使者至則告之曰此錢令自用而不敢私請一切不問使者屢更無不從者先時民憚差役役及則互相糾訴鄉鄰遂

為仇讐先生盡知民產厚薄第其先後按籍而命之無有辭者河東義勇農隙則教以武事然應文備數而已先生至晉城之民遂為精兵晉俗尚焚屍雖孝子慈孫習以為安先生教諭禁止民始信之而先生去後郡官有母死者憚于遠致以投烈火愚俗視傚先生之教遂廢識者恨之先生為令視民如子欲辨事者或不持牒徑至庭下陳其所以先生從容告語諄諄不倦在邑三年百姓愛之如父母去之日哭聲振野用薦者改著作

佐郎尋以御史中丞呂公著薦授太子中允權監察御史裏行神宗素知先生名召對之日從容咨訪比二三見遂期以大用每將退必曰頻來對欲常常相見爾一日論議甚久日官報午正先生遽求退庭中人相謂曰御史不知上未食耶前後進說甚多大要以正心窒欲求賢育才為先先生不飾辭辯獨以誠意感動人主神宗嘗使推擇人才先生所薦者數十人而以父表弟張載暨弟頤為首所上章疏子姪不得窺其藁嘗言人

主當防未萌之欲神宗俯身拱手曰當爲卿戒之及因
論人才曰陛下奈何輕天下士神宗曰朕何敢如是言
之至于再三時王荆公安石日益信用先生每進見必
爲神宗陳君道以至誠仁愛爲本未嘗及功利神宗始
疑其迂而禮貌不衰嘗極陳治道神宗曰此堯舜之事
朕何敢當先生愀然曰陛下此言非天下之福也荆公
寖行其說先生意多不合事出必論列數月之間章數
十上尤極論者輔臣不同心小臣與大計公論不行青

苗取息責祠部牒差提舉官皆非其人及不經封駁京東轉運使剥民希寵不加黜責興利之臣日進尚德之風寖衰等十餘事荆公與先生雖道不同而嘗謂先生忠信先生每與論事心平氣和荆公多為之動而言路好直者必欲力攻取勝由是與言者為敵矣先生言既不行懇求外補神宗猶重其去上章及面請至十數不許遂闔門待罪神宗將黜諸言者命執政除先生監司差權發遣京西路提點刑獄復上章曰臣言是願行之

如其妄言當賜顯責請罪而獲遷刑賞混矣累請得罷
既而神宗手批暴白同列之罪獨于先生無責改差簽
書鎮寧軍節度判官事為守者嚴刻多忌通判而下莫
敢與辯事始意先生嘗任臺憲必不盡力職事而又慮
其慢己既而先生事之甚恭雖筦庫細務無不盡心事
小未安必與之辯遂無不從者相與甚歡屢平反重獄
得不死者前後蓋十數河清卒于法不他役時中人程
昉為外都水丞怙勢蔑視州郡欲盡取諸埽兵治二股

河先生以法拒之昉請于朝命以八百人與之天方大寒昉肆其虐用衆逃而歸州官晨集城門吏報河清兵潰歸將入城衆官相視畏昉欲弗納先生曰此逃死自歸弗納必為亂昉有言某自當之即親往開門撫諭約歸休三日復役衆歡呼而入具以事上聞得不復遣後昉奏事過州見先生言甘而氣懾既而揚言于衆曰澶卒之潰乃程中允誘之吾必訴于上同列以告先生笑曰彼方憚我何能爾也果不敢言會曹村埽決時先生

方救護小吴相去百里州帥劉公渙以事急告先生一夜馳至帥傒于河橋先生謂帥曰曹村決京城可虞臣子之分身可塞亦爲之請盡以廂兵見付事或不集公當親率禁兵以繼之帥義烈士遂以本鎮印授先生曰君自用之先生得印不暇入城省親徑走決隄諭士卒曰朝廷養爾輩正爲緩急爾爾知曹村決則注京城乎吾與爾曹以身捍之衆皆感激自效論者皆以爲勢不可塞徒勞人爾先生命善泅者銜細繩以渡決口水方

奔注達者百一卒能引大索以濟衆兩岸並進晝夜不息數日而合其將合也有大木自中流而下先生顧謂衆曰得彼巨木横流入口則吾事濟矣語纔已木遂横衆以為至誠所致其後曹村之下復決遂久不塞數路困擾大為朝廷憂人以為使先生在職安有是也郊祀霈恩先生曰吾罪滌矣可以去矣遂求監局以便養親得罷歸自是醜正者競揚避新法之説歲餘得監西京洛河竹木務薦者言其未嘗敘年勞丐遷秩特改太常

丞神宗猶念先生會修三經義嘗語執政曰程某可用執政不對又嘗有登對者自洛至問曰程某在彼否連言佳士其後彗見翼軫聞詔求直言先生應詔論朝政極切還朝執政屢進擬神宗皆不許既而手批與府界知縣差知扶溝縣事先生詣執政復求監局執政諭以上意不可改也數月右府同薦除判武學新進者言其新法之初首為異論罷復舊任先生為治專尚寬厚以教化為先雖若甚迂而民實風動扶溝素多盜雖樂歲

強盜不減十餘發先生在官無強盜者幾二年廣濟蔡河出縣境瀕河不逞之民不復治生業專以脇取舟人物為事歲必焚舟十數以立威先生始至捕得一人使引其類得數十人不復根治舊惡分地而處之使以挽舟為業且察為惡者自是邑境無焚舟之患蘄邑田稅重朝廷歲常蠲除以為惠澤然而良善之民憚督責而先輸逋負獲除者皆頑民也先生為約前科獲免者今必如期而足于是惠澤始均司農建言天下輸役錢達

户四等而蠲内獨止三等請亦及第四先生力陳不可司農奏其議謂必獲罪而神宗是之畿邑皆得免先生爲政常權穀價不使至甚貴甚賤會大旱麥苗且枯先生教人掘井以溉一井不過數工而所灌數畝闔境賴焉水災民飢先生請發粟貸之鄰邑亦請司農怒遣使閲實使至鄰邑而令自陳穀且登無貸可也使至謂先生曰盍亦自陳先生不肯使者遂言不當貸先生力言民飢請貸不已遂得穀六千石飢者用濟而司農益怒

視貸籍户同等而所貸不等檄縣杖主吏先生言濟飢當以口之衆寡不當以户之高下且令實為之非吏罪乃得已內侍都知王中正巡閱保甲權寵至盛所至凌慢縣官諸邑供帳競務華鮮以悅奉之主吏以請先生曰吾邑貧安能如他邑且取于民法所禁也今有故青帳可用之先生在邑歲餘中正往來境上卒不入鄠邑有寬訴府願得先生决之者前後五六有犯小盜者先生謂曰汝能改行吾薄汝罪盜叩首願自新後數月復

穿窬捕吏及門盜告其妻曰我與太丞約不復爲盜今何面目見之邪遂自經死官制改除奉議郎朝廷遣官括牧地民田當没者千頃往往持累世契券以自明皆弗用諸邑已定而扶溝民獨不服遂有朝旨改税作租不復加益及聽賣易如私田民既倦于追呼又得不加賦乃皆服先生以爲不可括地官至謂先生曰民願服而君不許何也先生曰民徒知今日不加賦而不知後日增租奪田則失業無以生矣因爲言仁厚之道其人

感動謝曰寧受責不敢違公遂去之他邑不踰月先生罷去其人復至謂攝令者曰程奉議去矣爾復何恃而敢稽違朝旨督責甚急數日而事集鄰邑民犯盜繫縣獄而逸既又遇赦先生坐是以特旨罷邑人知先生且罷詣府及司農丐留者千數去之日不使人知老稚數百追及境上攀挽號泣遣之不去以親老求近鄉監局得監汝州酒稅今上嗣位覃恩改承議郎先生雖小官賢士大夫視其進退以卜興衰聖政方新賢德登進先

生特爲時望所屬名爲宗正寺丞未行以疾終元豐八年六月十五也享年五十有四士大夫識與不識莫不哀傷爲朝廷生民恨惜先生資禀既異而充養有道純粹如精金温潤如良玉寬而有制和而不流忠誠貫乎金石孝悌通于神明視其色其接物也如春陽之温聽其言其入人也如時雨之潤胷懷洞然徹視無間測其藴則浩乎若滄溟之無際極盛德美言蓋不足以形容先生行己内主于敬而行之以恕見善若出諸己不欲

弗施于人居廣居而行大道言有物而動有常先生為學自十五六時聞汝南周茂叔論道遂厭科舉之業慨然有求道之志未知其要泛濫于諸家出入于老釋者幾十年返求諸六經而後得之明于庶物察于人倫知盡性至命必本于孝悌窮神知化由通于禮樂辨異端似是之非開百氏未明之惑秦漢而下未有臻斯理也謂孟子沒而聖學不傳以興起斯文為己任其言曰道之不明異端害之也昔之害近而易知今之害深而難

辨昔之惑人也乘其迷暗今之惑人也因其高明自謂之窮神知化而不足以開物成務言為無不周遍實則外于倫理窮深極微而不可以入堯舜之道天下之學非淺陋固滯則必入于此自道之不明也邪誕妖異之説競起塗生民之耳目溺天下于汙濁雖高才明志膠于見聞醉生夢死不自覺也是皆正路之蓁蕪聖門之蔽塞闢之而後可以入道先生進將覺斯人退將明之書不幸早世皆未及也其辨析精微稍見于世者學者之

所傳爾先生之門學者多矣先生之言平易易知賢愚皆獲其益如羣飲于河各充其量先生教人自致知至于知止誠意至于平天下灑掃應對至于窮理盡性循循有序病世之學者捨近而趨遠處下而窺高所以輕自大而卒無得也先生接物辨而不間感而能通教人而人易從怒人而人不怨賢愚善惡咸得其心狡僞者獻其誠暴慢者致其恭聞風者誠服覿德者心醉雖小人以趨向之異顧于利害時見排斥退而省其私未有

不以先生為君子也先生為政治惡以寬處煩而裕當法令繁密之際未嘗從衆為應文逃責之事人皆病于拘礙而先生處之綽然衆憂以為甚難而先生為之沛然雖當倉猝不動聲色方監司競為嚴急之時其待先生率皆寬厚設施之際有所賴焉先生所為綱條法度人可效而為也至其道之而從動之而和不求物而物應未施信而民信則人不可及也彭夫人封仁和縣君嚴正有禮事舅以孝稱善睦其族先一年卒一本有子五字

一本有三早卒字曰端懿蔡州汝陽縣主簿曰端本治進士業一本有四字女一本有三夭一字適假承務郎朱純之下以今年十月乙酉葬于伊川先塋謹書家世行業及歷官行事之大槩以求誌于作者

門人朋友叙述 并序

先兄明道之葬頤狀其行以求誌銘且備異日史氏採録既而門人朋友為文以叙其事迹述其道學者甚衆其所以推尊稱美之意人各用其所知蓋不同

也而以為孟子而後傳聖人之道者一人而已是則同文多不能盡取取其有補于行狀之不及者數篇

附于行狀之後

河間劉立之曰先生幼有奇（一作異）質明慧驚人年數歲即有成人之度嘗賦酌貪泉詩曰中心如自固外物豈能遷當世先達許其志操及長豪勇自奮不溺于流俗從汝南周茂叔問學窮性命之理率性會道體道成德出處孔孟從容不勉踰冠應書京師聲望藹然老儒宿

學皆自以為不及莫不造門願交釋褐主永興軍鄠縣簿永興帥府其出守皆禁密大臣待先生莫不盡禮為令晉城其俗朴陋民不知學中間幾百年無登科者先生擇其秀異為置學舍糧具聚而教之朝夕督厲誘進學者風靡日盛熙寧元豐間應書者至數百人科者十餘人先生為政條教精密而主之以誠心晉城之民被服先生之化暴桀子弟至有恥不犯迄先生去三年間編戶數萬衆罪入極典者纔一人然鄉閭猶以不遵教

令為深恥熙寧七年立之得官晉城距先生去已十餘年見民有聚口衆而不析異者問其所以云守程公之化也其誠心感人如此薦為御史神宗召對問所以為御史對曰使臣拾遺補闕禆贊朝廷則可使臣掇拾臣下短長以沽直名則不能神宗歎賞以為得御史體神宗厲精求治王荆公執政議法改令言者攻之甚力至有發憤肆罵無所不至者先生獨以至誠開納君相疏入輒削藁不以示子姪常曰揚己矜衆吾所不為嘗被

旨赴中堂議事荆公方怒言者厲色待之先生徐曰天下之事非一家私議願公平氣以聽荆公為之愧屈善談大中公得請領崇福先生求折資監當以便養歸洛從容親庭日以讀書勸學為事先生經術通明義理精微樂告不倦士大夫從之講學者日夕盈門虚往實歸人得所欲先生在御史有南士游執政門者方自南還未至而附會之説先布都下且其人素議虧闕先生奏言其行後先生被命判武學其人已位通顯懼先生復

進乃抗章言先生新法之初首為異論先生笑曰是豈誣我邪復以便親乞汝州監局先生高才遠業淪屈卑冗人為先生歎息而先生處之恪勤匪懈曰執事安得不謹今皇帝即位以宗正丞召朝廷方且用之未赴闕得疾以終先生有天下重望士民以其出處卜時隆汙聞訃之日識與不識莫不隕涕自孟子沒聖學失傳學者穿鑿妄作不知入德先生傑然自立于千載之後芟闢榛穢開示本原聖人之庭户曉然可入學士大夫始

知所向然高才世希能造其藩閫者蓋鮮況堂奧乎先生德性充完粹和之氣盎于背面樂易多恕終日怡悅立之從先生三十年未嘗見其（一有有字）忿厲之容接人溫然無賢不肖皆使之款曲自盡聞人一善咨嗟獎勞惟恐其不篤人有不及開導誘掖惟恐其不至故雖桀傲不恭見先生無不感悅而化服風格高邁不事標飾而自有畦畛望其容色聽其言教則放心邪氣不復萌于胷中大中公告老而歸家素清窶僦居洛城先生以祿

養族大食衆穀粟僅足而老幼各盡其歡中外幼孤窮無託者皆收養之撫育誨導期于成人嫁女娶婦皆先孤遺而後及已子食無重肉衣無兼副女長過期至無貲以遣先生達于從政以仁愛為本故所至民戴之如父母立之嘗問先生以臨民曰使民各得輸其情問御吏曰正已以格物雖愚不肖佩服先生之訓不敢忘怠先生抱經濟大器有開物成務之才雖不用于時然至誠在天下惟恐一物不得其所見民疾苦如在諸已聞

朝廷興作小失則憂形顔色嘗論所以致君堯舜措俗成康之意其言感激動人千五百年一生斯人時命不會如此美志不行利澤不施惜哉立之家與先生有累世之舊先人高爽有奇操與先生好尤密先人早世立之方數歲先生兄弟取以歸教養視子姪卒立其門戸末世俗薄朋友道衰聞先生之風宜有愧恥立之從先生最久聞先生教最多得先生行事爲最詳先生終繫官朔陲不得與于行服之列哭泣之哀承訃悲號摧裂

肝膈先生大節高誼天下莫不聞至于委曲纖細一言一行足以垂法來世而人所不及知者大懼堙沒不傳以為門人羞輒書所知以備採摭

沛國朱光庭曰嗚呼道之不明不行也久矣自子思筆之于書其後孟子倡之孟死而不得其傳退之之言信矣大抵先生之學以誠為本仰觀乎天清明穹窿日月之運行陰陽之變化所以然者誠而已俯察乎地廣博持載山川之融結草木之繁殖所以然者誠而已人居

天地之中參合無間純亦不已者其在茲乎蓋誠者天德也聖人自誠而明其靜也淵停其動也神速天地之所以位萬物之所以育何莫由斯道也先生得聖人之誠者也自始學至于成德雖天資穎徹絶出等夷然卓然之見一主于誠故推而事親則誠孝事君則誠忠友于兄弟則綽綽有裕信于朋友則久要不忘修身慎行則不愧于屋漏臨政愛民則如保乎赤子非得乎聖人之誠孰能與于斯才周萬物而不自以為高學際三才

而不自以為足行貫神明而不自以為異識照今古而不自以為得至于六經之奥義百家之異說研窮搜決判然𣷚中天下之事雖萬變交于前而決之不失毫釐權之不失輕重凡貧富貴賤死生皆不足以動其心可謂大丈夫者非所得之深所養之厚能至于是歟嗚呼天之生斯人使之平治天下功德豈小補哉方當聖政日新賢者彚進殆將以斯道覺斯民而天奪之速可謂不幸之甚矣孔子曰朝聞道夕死可矣自孟子以來千

有餘歲先王大道得先生而後傳其補助天地之功可謂盛矣雖不得高位以澤天下然而以斯道倡之于人亦已較著其間見而知之尚能似之先生為不亡矣

河間邢恕曰先生德性絶人外和内剛眉目清峻語聲鏗然恕早從先生之弟學初見先生于磁州其氣貌清明夷粹其接人和以有容其斷義剛而不犯其思索妙造精義其言近而測之益遠恕蓋始恍然自失而知天下有成德君子所謂完人者若先生是已先生為澶州

幕官歲餘罷歸恕後過澶州問村民莫不稱先生咨嗟歎息蓋先生之從政其視民如子憂公如家其誠心感人雖為郡僚佐又止歲餘而去至使田父野人皆知其姓名又稱歎其賢使先生為一郡又如何哉使先生行乎天下又如何哉既不用于朝廷而以奉親之故禄仕于筦庫以為養居洛幾十年玩心于道德性命之際有以自養其渾浩沖融而必合乎規矩準繩蓋真顏氏之流黃憲劉迅之徒不足道也洛實別都乃士人之區藪

在任者皆慕化之從之質疑解惑閭里士大夫皆高仰之樂從之遊學士皆宗師之講道勸義行李之往來過洛者茍知名有識必造其門虛而往實而歸莫不心醉斂衽而誠服于是先生身益退位益卑而名益高于天下今皇帝即位太皇太后同聽斷凡政事之利者存害者去復起司馬公君實以為門下侍郎用呂公晦叔為尚書左丞而先生亦以宗正丞召執政日須其來將大用之訃至京師諸公大人歎嗟為朝廷惜士大夫下至

布衣諸生聞之莫不相弔以為哲人云亡也嗚呼惟先生以直道言事不合去國十有七年今太母制政下令不出房闥天下固已宴然方大講求政事之得失救偏矯枉資人材以成治功之時如先生之才大小左右内外用之無不宜蓋其所知上極堯舜三代帝王之治其所以包涵博大悠遠纖悉上下與天地同流其化之如時雨者先生固已默而識之至于興造禮樂制度文為下至行師用兵戰陣之法無所不講皆造其極外之遠

人情狀山川道路之險易邊鄙防戍城寨斥堠控帶之要靡不究知其吏事操決文法簿書又皆精密詳練若先生可謂通儒全才矣而所有不試其萬一又不究于高年此有志之士所以慟哭而流涕也

成都范祖禹曰先生為人清明端潔内直外方其學本于誠意正心以聖賢之道可以必至勇于力行不為空文其在朝廷與道行止主于忠信不崇虚名其為政視民如子惻怛敬愛出于至誠建利除害所欲必得故先

生所至民賴之如父母去久而思之不忘先生嘗言縣之政可達于天下一邑者天下之式也先生以親老求為閒官居洛陽殆十餘年與弟伊川先生講學于家化行鄉黨家貧疏食或不繼而事親務養其志賙贍族人必盡其力士之從學者不絕于館有不遠千里而至者先生于經不務解析為枝詞要其用在已而明于知天其教人曰非孔子之道不可學也蓋自孟子沒而中庸之學不傳後世之士不循其本而用心于末故不可與

入堯舜之道先生以獨智自得去聖人千有餘歲發其關鍵直覩堂奥一天地之理盡事物之變故其貌肅而氣和志定而言厲望之可畏即之可親叩之者無窮從容以應之其出愈新真學者之師也成就人才于時為多雖久去朝廷而人常以其出處為時之通塞既除宗正丞天下日望先生入朝以為且大用及聞其亡上自公卿下至閭巷士民莫不哀之曰時不幸也其命矣夫

伊洛淵源録卷二

欽定四庫全書

伊洛淵源録卷三

宋 朱子 撰

明道先生

書行狀後 游酢

先生道德之高致經綸之遠圖進退之大節伊川季先生與門人高弟既論其實矣酢復何言謹拾其遺事備採録云先生生而有妙質聞道甚早年逾冠明誠夫子

張子厚友而師之子厚少時自喜其才謂提騎卒數萬可横行匈奴視叛羌為易與耳故從之游者多能道邊事既而得聞先生論議乃歸謝其徒盡棄其舊學以從事于道其視先生雖外兄弟之子而虚心求益之意懇懇如不及逮先生之官猶以書抵扈以定性未能不動致問先生為破其疑使内外動静道通為一讀其書可考而知也其後子厚學成徳尊識者謂與孟子比然猶秘其學不多為人講之其意若曰雖復多聞不務畜徳

徒善口耳而已故不屑與之言先生謂之曰道之不明于天下久矣人善其所習自謂至足必欲如孔門不憤不啓不悱不發則師資勢隔而先王之道或幾乎熄矣趣今之時且當隨其資而誘之雖識有明暗志有淺深亦各有得焉而堯舜之道庶可馴致子厚用其言故關中學者躬行之多與洛人並推其所自先生發之也擢為御史屬眷甚渥亟承德音所獻納必據經術事常辨于早而戒于漸一日神宗縱言及于辭命先生曰人主

之學惟當務為急辭命非所先也神宗為之動顏會同天節宮嬪專獻奇巧為天子壽先生既言于朝又顧謂執政戒之執政曰宮嬪實為非上意也庸何傷先生曰作淫巧以蕩上心所傷多矣公之言非是執政辭遂屈是時有同在臺列者志未必同然心慕其為人嘗語人曰他人之賢者猶可得而議也乃若伯淳則如美玉然反復視之表裏洞徹莫見疵瑕先生平生與人交無隱情雖僮僕必託以忠信故人亦不忍欺之嘗自澶淵遣

奴持金詣京師貿用物計金之數可當二百千奴無父母妻子同列聞之莫不駭且誚既而奴持物如期而歸衆始歎服蓋誠心發于中暢于四肢見之者信慕事之者革心大抵類此先生少長親闈視之如傷又氣象清越灑然如在塵外宜不能勞苦及遇事則每與賤者同起居飲食人不堪其難而先生處之裕如也嘗董役雖祁寒烈日不擁裘不御蓋時所巡行衆莫測其至故人自致力嘗先期畢事興時夫伍中夜多譁一夫或怖萬

夫競起奸人乘虚為盜者不可勝數先生以師律處之遂訖去無譁者及役罷夫散部伍猶整肅如常初至鄂有監酒税者以賭播聞然怙力文身自號能殺人衆皆憚之雖監司州將不敢發先生至將與之同事其人心不自安輙為言曰外人謂某自盜官錢新主簿將發之某勢窮必殺人言未訖先生笑曰人之為言一至于此足下食君之禄詎肯為盜萬一有之將救死不暇安能殺人其人默不敢言後亦私償其所盜卒以善去州從

事有既孤而遭祖母喪者身為嫡孫未果承重先生為推典法意告之甚悉其人從之至今遂為定令而天下搢紳始習為常蓋先生御小人使不麗于法助君子使必成其美又大抵類此先生雖不用而未嘗一日忘朝廷然久幽之操確乎如石晉中之氣沖如也所至士大夫多棄官從之學朝見而夕歸飲其和茹其實既久而不能去其徒有貧者以單衣御冬累年而志不變身不屈蓋先生之教要出于為己而士之游其門者所學皆

心到自得無求于外以故甚貧者忘飢寒已任者忘爵禄魯重者敏謹細者裕强者無拂理愿者有立志可以修身可以齊家可以治國平天下非若世之士妄意空無追咏昔人之糟粕而身不與焉及措之事業則倀然無據而已也方朝廷圖任真儒以惠天下天下有識者謂先生行且大用矣不幸而先生卒嗚呼道之行與廢果非人力之所能為也悲夫哭而為之贊曰

天地之心其太一之體與天地之化其太和之運與碓

然高明萬物覆焉隤然博厚萬物載焉非以其一與陽自此舒陰自此凝消息滿虛莫見其形非以其和與夫子之德其融心滌慮默契于此與不然何穆穆不已渾渾無涯而能言之士莫足以頌其美與嗟乎孰謂此道未施此民未覺而先覺者逝與百世之下有想見夫子而不可得者亦能觀諸天地之際與

哀詞　　吕大臨

嗚呼去聖遠矣斯文喪矣先生之流風善政泯没而不

可見明師賢弟子傳授之學斷絶而不得聞以章句訓詁為窮遺經以儀章度數為能盡儒術使聖人之道玩于腐儒諷誦之餘隱于百姓日用之末反求諸己則罔然無得施之于天下則若不可行異端爭衡猶不與此先生負特立之才知大學之要博文强識躬行力究察倫明物極其所止渙然心釋洞見道體其造于約也雖事變之感不一知應以是心而不窮雖天下之理至衆知反之吾身而自足其致于一也異端並立而不能移

聖人復起而不與易其養之成也和氣充浹見于聲容然望之崇深不可慢也遇事優為從容不迫然誠心懇惻弗之措也其自任之重也寧學聖人而未至不欲以一善成名寧以一物不被澤為己病不欲以一時之利為己功其自信之篤也吾志可行不苟潔其去就吾義所安雖小官有所不屑夫位天地育萬物者道也傳斯道在斯文也振已墜之文達未行之道者先生也使學不卒傳志不卒行至于此極者天也先生之德可形容

者猶可道也其獨智自得合乎天契乎先聖者不可得而道也元豐八年六月明道先生卒門人學者皆以所自得者名先生之德先生之德未易名也亦各伸其志爾

墓表

大宋明道先生程君伯淳之墓

守太師致仕潞國公文彦博題

先生名顥字伯淳葬于伊川潞國太師題其墓曰明道先生弟頤序其所以刻之石曰周公没聖人之道不行

孟子死聖人之學不傳道不行百世無善治學不傳千載無真儒無善治士猶得以明夫善治之道以淑諸人以傳諸後無真儒天下貿貿焉莫知所之人欲肆而天理滅矣先生生千四百年之後得不傳之學于遺經志將以斯道覺斯民天不慭遺哲人早世鄉人士大夫相與議曰道之不明也久矣先生出倡聖學以示人辨異端闢邪說開歷古之沉迷聖人之道得先生而後明為功大矣于是帝師采衆議而為之稱以表其墓學者之

于道知所向然後見斯人之為功知所至然後見斯名之情稱山可夷谷可堙明道之名亘萬世而長存勒石墓旁以詔後人

贊　　陳恬

賢哉先生始于孝弟孝篤于親弟友其弟推以治人不為而化民靡有爭揖讓于野移之事君讜言忠謨奸邪之言感動欷歔舉以敎人粹然王道天下英材躬服允蹈本于正身惟德温温如冬之日如夏之雲終其默識

洞暢今古鈎深窮微該世之務賢哉先生超然絶倫夫用其邇遐胡奪之年先生之道不在其弟方其初起天下咸喜今其西矣天下懷矣誰為有力進之君矣俾行其道覺斯民矣

遺事 二十七條

明道先生曰吾學雖有所受天理二字却是自家體貼出來 見上蔡語録

先生謂學者曰賢看顥如此顥煞用工夫

常見伯淳所在臨政便上下響應到了人衆後便成風成風則有所鼓動天地間只是一箇風以動之也見程氏遺書伊川先生語

明道作縣常于坐右書視民如傷四字云顥每日常有愧于此觀其用心應是不到錯決撻了人見龜山語録

明道臨民刑未嘗不用亦嚴亦威然至誠感人而人化之見侯子雅言

明道主簿上元時謝師直為江東轉運判官師宰來省

其兄嘗從明道假公僕掘桑白皮明道問之曰漕司役卒甚多何為不使曰本草説桑白皮出土見日者殺人以伯淳所使人不欺故假之爾師宰之相信如此見文集伊川記下同

謝師直尹時嘗談經與鄙意不合因曰伯淳亦然往在上元景温説春秋猶時見取至言易則皆曰非是頤謂曰二君皆通易者也監司談經而主簿乃曰非是監司不怒主簿敢言非通易能如是乎

明道昔見上稱介甫之學對曰王安石之學不是上愕然問曰何對曰臣不敢遠引止以近事明之臣嘗讀詩言周公之德云公孫碩膚赤舄几几周公盛德形容如是之盛如王安石其身猶不能自治何足以及此（見遺書又按龜山語録亦載此語稱周公赤舄几几聖人蓋如此若安石剛褊自任恐聖人不然自當以遺書為正）

神宗問王安石之學如何明道對曰安石博學多聞則有之守約則未也（見遺書下同）

荆公嘗與明道論事不合因謂先生曰公之學如上壁

言難行也明道曰參政之學如捉風後來逐不附已者而獨不怨明道且曰此人雖未知道亦忠信人也新政之改亦是吾黨爭之有太過成就今日之事塗炭天下亦須兩分其罪可也當時天下岌岌乎殆哉介甫欲去數矣其時介甫直以數事上前卜去就若青苗之議不行則決其去伯淳于上前與孫莘老同得上意要了當此事大抵上意不欲抑介甫要得人擔當了而介甫之意亦尚無必伯淳嘗言管仲猶能言出令當如流

水以順人心今叅政須要做不順人心事何故介甫之意只恐始為人所沮其後行不得伯淳却道但做順人心事人誰不願從也介甫道此感賢誠意却則為天祺其日于中書大悖緣是介甫大怒遂以死力爭于上前上為之一以聽用從此黨分矣莘老受約束而不肯行遂坐貶而伯淳遂待罪既而除以京西提刑伯淳復求對遂見上上言有甚文字伯淳云今咫尺天顏尚不能少回天意文字更復何用欲去而上問者數四伯淳每

以陛下不宜輕用兵為言朝廷羣臣無能任陛下事者以今日之患觀之猶是自家不善從容至如青苗且放過又且何妨伯淳當言職苦不曾使文字大綱只是于上前說了其他些小文字只是備禮而已大抵自仁祖朝優容諫臣當言職者必以詆訐而去為賢習以成風惟恐人言不稱職以去為落便宜昨來諸君蓋未免此苟如是為則是為己尚有私意在却不在朝廷不干事理

今日朝廷所以特惡忌伯淳者以其可理會事只是理會學這裏動則于他輩有所不便也故特惡之深以吾自處猶是自家當初學未至意未誠其德尚薄無以感動他天意此自思則如此然今日許大氣豔當時欲一二人動之誠如河濵之人捧土以塞孟津誠可笑也據當時事勢又至于今日豈不是命

程伯淳先生嘗曰熙寜初王介甫行新法並用君子小人君子正直不合介甫以為俗學不通世務斥去小人

苟容諂佞介甫以為有才知變通用之君子如司馬君實不拜同知樞密院以去范堯夫辭同修起居注得罪張天祺自監察御史面折介甫被謫介甫性狠愎衆人皆以為不可則執之愈堅君子既去所用皆小人爭為刻薄故害天下益深使衆君子未與之敵俟其勢久自緩委曲平章尚有聽從之理則小人無隙以乘其為害不至如此之甚也見邵氏聞見録

聖人志在天下國家與常人志在功名全别孟子傳聖

人之道故曰予豈若是小丈夫然哉諫于其君而不受則悻悻然見于其面去則窮日之力且看聖人氣象則別明道先生却是如此元豐中有詔起呂申公司馬溫公溫公不起明道作詩送呂申公又詩寄溫公二詩皆見文集其意直是眷眷在天下國家雖然如此于去就又却極分明不放過一步作臺官時言新法者皆得責明道獨除提刑辭不受改除簽判乃止見胡氏傳家錄

元豐二年二月詔以程顥同判武學顧臨權開封府推

官諫官李定以顥嘗為御史論新法與臨併言罷之呂申公上疏略曰顥立身行己素有本末講學議論久益疏通且其在言路日時有論列皆辭意忠厚不失臣子之體

扶溝地卑歲有水旱明道先生經畫溝洫之法以治之未及興工而先生去官先生曰以扶溝之地盡為溝洫必數年乃成吾為經畫十里之地以開其端後之人知其利必有繼之者矣夫為令之職必使境内之民凶年

飢歲免于死亡飽食逸居有禮義之訓然後爲盡故吾于扶溝開設學校聚邑人子弟教之亦幾成而廢夫百里之施至狹也而道之興廢繫焉是數事皆未及成豈不有命與然知而不爲而責命之興廢則非矣此吾所以不敢不盡心也見庭聞藁録

明道終日坐如泥塑人然接人渾是一團和氣所謂望之儼然即之也溫見上蔡語録

凡詩必使言之無罪聞者知戒所以尚譎諫也如東坡

詩只是譏誚朝廷無至誠惻怛愛君之意言之安得無罪聞之豈足以戒乎洎淳先生詩曰未須愁日暮天際是輕陰又云莫辭盞酒十分醉只恐風花一片飛何其温柔敦厚也聞之者亦且自然感動矣見龜山語録

學者須是胸懷擺脫得開始得不見明道先生作鄠縣主簿有詩云雲淡風輕近午天傍花隨柳過前川時人不識予心樂將謂偷閑學少年看他胸中直是好與曾點底事一般先生又有詩云閑來無事不從容睡覺東

窓日已紅萬物靜觀皆自得四時佳興與人同道通天地有形外思入風雲變態中富貴不淫貧賤樂男兒到此是豪雄問周恭叔恁地放開如何謝曰他不是擺得開只為立不住便放却忒早在裏明道擺脫得開為他所過者化問見箇甚道理便能所過者化謝曰呂晉伯下得一轉語好道所存者神便能所過者化所過者化便能所存者神横渠云性性為能存神物物為能過化甚親切 見上蔡語録下同

明道先生善言詩他又不曾章解句釋但優游玩味吟哦上下便使人有得處又曰伯淳談詩並不下一字訓詁有時只轉一兩字點（平聲）掇他念過便教人省悟又曰古人所以貴親炙之也

伊川與君實語終日無一句相合明道與語直是道得下

明道先生與門人講論有不合者則曰更有商量伊川則直曰不然（見外書）

康節邵先生作四賢吟云彥國之言鋪陳晦叔之言簡當君實之言優游伯淳之言條暢四賢洛陽之望是以在人之上有宋熙寧之間大為一時之壯見擊壤集

元豐八年三月五日神宗升遐詔至洛故相韓康公為留守程宗丞伯淳為汝州酒官會以檄來舉哀于府既罷謂康公之子宗師兵部曰顥以言新法不便忤大臣同列皆謫官顥獨除監司顥不敢當辭之念先帝見知之恩終無以報已而泣兵部曰今日朝廷之事如何宗

丞曰司馬君實吕晦叔作相矣兵部曰二公果作相當如何宗丞曰當與元豐大臣同若先分黨與他日可憂兵部曰何憂宗丞曰元豐大臣皆嗜利者使自變其已甚害民之法則善矣不然衣冠之害未艾也君實忠直難與議晦叔解事恐力不足爾既而二公果並相名宗丞未行以疾卒宗丞為温公申公所重使不早死更相調䕶協濟于朝則元祐朋黨之論無自而起矣論此事時范醇夫朱公掞杜孝錫伯温同聞之今四十年而其

言益驗故表而出之出邵氏聞見錄

先生墓誌韓公持國撰孫公曼叔書見文集然誌文作不傳于世韓氏家集經亂而不存矣

或問明道于富韓公公曰伯淳無福天下人也無福見涪陵記善錄

陳忠肅公嘗作責沈文送其姪孫淵幾叟云龔公沈諸梁問孔子于子路子路不對龔公當世賢者魯有仲尼而不知宜乎子路之不對也予元豐乙丑夏為禮部貢

院點檢官適與校書郎范公淳夫同舍公嘗論顏子之不遷不貳惟伯淳有之予問公曰伯淳誰也公默然久之曰不知有程伯淳耶予謝曰生長東南實未知也時予年二十九矣自是以來嘗以寡陋自愧見陳忠肅公集范公遺事

云自是每得明道先生之文必冠帶而後讀之

伊洛淵源録卷三

欽定四庫全書

伊洛淵源録卷四

宋 朱子 撰

伊川先生

年譜

先生名頤字正叔明道先生之弟也（明道生于明道元年壬申伊川生于明道二年癸酉）幼有高識非禮不動（見語錄）年十四五與明道同受學于舂陵周茂叔先生（見哲宗徽宗實錄）皇祐二年年十八

上書闕下勸仁宗以王道為心生靈為念黜世俗之論期非常之功且乞召對面陳所學不報間遊太學時海陵胡翼之先生方主教導嘗以顏子所好何學論試諸生得先生所試大驚即延見處以學職（見文集）呂希哲原明與先生鄰齋首以師禮事焉既而四方之士從遊者日益衆（見呂氏童蒙訓）舉進士嘉祐四年廷試報罷遂不復試大中公屢當得任子恩輒推與族人（見涪陵記善錄）治平熙寧間近臣屢薦自以為學不足不願仕也（見文集又按呂申公家傳云公

判太學命衆博士即先生之居敎請為太學正先生固辭公即命駕過之又雜記治平三年九月公知蔡州將行言曰伏見南省進士程頤年三十四有特立之操出羣之姿嘉祐四年已與殿試自後絶意進取往來太學諸生願得以為師臣方領國子監親往敎請卒不能屈臣嘗與之語洞明經術通古今治亂之要實有經世濟物之才非同拘士曲儒徒有偏長使在朝廷必為國器伏望特以不次旌用明道行狀云神宗嘗使推擇人材先生所薦數十人以父表弟張載暨弟頤為稱首

元豐八年哲宗嗣位門下侍郎司馬公光尚書左丞呂公公著及西京留守韓公絳上其行義于朝見哲宗徽宗實録按温公集與呂申公同薦劉子曰臣等竊見河南處士程頤力學好古安貧守節言必忠信動遵禮義年逾五十不求仕進眞儒者之高蹈聖世之逸民伏望特加召命擢

以不次足以矜式士類裨益風化又按胡文定公文集云是時諫官朱光庭又言頤道德純備學問淵博材資勁正有中立不倚之風識慮明徹至知幾其神之妙言行相顧而無擇仁義在躬而不矜若用斯人俾當勸講必能輔養聖德啓迪天聰一正君心為天下福又謂頤究先王之藴達當世之務乃天民之先覺聖代之真儒俾之日侍經筵足以發揚聖訓兼掌學校足以丕變斯文又論祖宗時起陳摶种放高風素節聞于天下揆頤之賢摶放未必能過之頤之道則有摶放所不及知者觀其所學真得聖人之傳致思力行非一日之積有經天緯地之才有制禮作樂之具乞訪問其至言正論所以平治天下之道又謂頤以言乎道則貫徹三才而無一毫之或間以言乎德則并包衆美而無一善之或遺以言乎學則博通古今而無一物之不知以言乎才則開物成務而無一理之不總是以聖人之道至此而傳況當天子進學之初若俾真儒得專經席豈不盛哉

十一月丁巳授汝州團練推官西京國子監教授見實錄

先生再辭尋召赴闕元祐元年三月至京師王巖叟奏云伏見程頤學極聖人之精微行全君子之純粹早與其兄顥俱以德名顯于時陛下復起頤而用之頤趨召以來待詔闕下四方俊乂莫不翹首嚮風以觀朝廷所以待之者如何處之者當否而將議焉則陛下此舉繫天下之心臣願陛下加所以待之之禮擇所以處之之方而使高賢得為陛下盡其用則所得不獨頤一人而已四海潛光隱德之士皆將相招而為朝廷出矣

除宣德郎秘書省校書郎先生辭曰祖宗時布衣被召自有故事今臣未得入見未敢祗命王巖叟奏云臣伏覩聖恩特除程頤京官仍與校書郎足以見陛下優禮高賢而使天下之人歸心于盛

德也然臣區區之誠尚有以為陛下言者顧陛下一召見之試以一言問為國之要陛下至明遂可自觀其人臣以頤抱道養德之日久而潛神精慮之功深靜而閱天下之義理者多必有嘉言以新聖聽此臣所以區區而進頤然非為頤也欲成陛下之美耳陛下一見而從命之以官則頤當之而無愧陛下與之而不悔授受之間兩得之矣

于是召對太皇太后面諭將以為崇政殿說書先生辭不獲始受西監之命且上奏論經筵三事其一以上富春秋輔養為急宜選賢德以備講官因使陪侍宿直陳說道義所以涵養氣質薰陶德性其二請上左右內侍宮人皆選老成厚重之人不使侈靡之物淺俗

之言接于耳目仍置經筵祗應内臣十人使伺上在宫中動息以語講官其或小有違失得以隨事規諫其三請令講官坐講以養人主尊儒重道之心寅畏祗懼之德而曰若言可行敢不就職如不可用願聽其辭（劄子三道見文集又按劉忠肅公文集有章疏論先生辭卑居尊未被命而先論事為非是蓋不知先生出處語默之際其義固已精矣）既而命下以通直郎充崇政殿說書（見實錄）先生再辭而後受命四月例以暑熱罷講先生奏言輔導少主不宜疎略如此乞命講官以六參日上殿問起居因

得從容納誨以輔上德見文集五月差同孫覺顧臨及國子監長貳看詳國子監條制見實錄先生所定大概以為學校禮義相先之地而月使之爭殊非教養之道請改試為課有所未至則學官召而教之更不考定高下制尊賢堂以延天下道德之士鐫解額以去利誘省繁文以專委任勵行檢以厚風教及置待賓吏師齋立觀光法如是者亦數十條見文集舊實錄云禮部尚書胡宗愈謂先帝聚士以學教人以經三舍科條固已精密宜一切仍舊因是深詆先生謂不宜使在朝廷六月上疏太皇太后

言今日至大至急爲宗社生靈長久之計惟是輔養上德而輔養之道非徒涉書史覽古今而已要使跬步不離正人乃可以涵養薰陶成就聖德今閒日一講解釋數行爲益既少又自四月罷講直至中秋不接儒臣殆非古人旦夕承弼之意請俟初秋即令講官輪日入侍陳説義理仍選臣僚家十一二歲子弟三人侍上習業且以邇英迫隘暑熱恐于上體非宜而講日宰臣史官皆入使上不得舒泰悦懌請自今一月再講于崇政殿

然後宰臣史官入侍餘日講于延和殿則後楹垂簾而太皇太后時一臨之不惟省察主上進業其于后德未必無補且使講官欲有所言易以上達所繫尤大又講讀官例兼他職請亦罷之使得積誠意以感上心皆不報八月差兼判登聞鼓院先生引前說且言入談道德出領訴訟非用人之體再辭不受見文集楊時曰事道與祿仕不同常夷甫以布衣入朝神宗欲優其祿令兼數局如鼓院染院之類夷甫一切受之及伊川先生為講官朝廷亦欲使兼他職則固辭蓋前日所以不仕者為道也則今日之仕須其官足以行道乃可受不然是苟祿也然後世道學

不明君子辭受取舍人鮮知之故常公之受人不以為非而先生之辭人亦恐不得以為是也耳二年又上疏論延和講讀垂簾事且乞時召講官至簾前問上進學次第又奏邇英暑熱乞就崇政延和殿或他寬涼處講讀給事中顧臨以殿上講讀為不可有旨修展邇英閣先生復上疏以為修展邇英則臣所請遂矣然祖宗以來並是殿上坐講自仁宗始就邇英而講官立侍蓋從一時之便爾非若臨之意也今臨之意不過以尊君為說而不知尊君之道若以其言為是則誤主上

知見臣職當輔導不得不辨先生在經筵每當進上必宿齋豫戒潛思存誠冀以感動上意（見文集）而其為說常于文義之外反復推明歸之人主一日當講顏子不改其樂章門人或疑此章非有人君事也將何以為說及講既畢文義乃復言曰陋巷之士仁義在躬忘其貧賤人主崇高奉養備極茍不知學安能不為富貴所移且顏子王佐之才也而簞食瓢飲季氏魯國之蠹也而富于周公魯君用捨如此非後世之監乎聞者嘆服（見胡氏論）

語詳說而哲宗亦常首肯之見文集不知者或誚其委曲已甚先生曰不於此盡心竭力而于何所乎上或服藥即日就醫官問起居見語錄然入侍之際容貌極莊時文潞公以太師平章重事或侍立終日不懈上雖諭以少休不去也人或以問先生曰君之嚴視潞公之恭孰為得失先生曰潞公四朝大臣事幼主不得不恭我以布衣職輔導亦不敢不自重也見邵氏聞見錄嘗聞上在宫中起行漱水必避螻蟻因請之曰有是乎上曰然誠恐傷之爾

先生曰願陛下推此心以及四海則天下幸甚（見語錄）一日講罷未退上忽起憑檻戲折柳枝先生進曰方春發生不可無故摧折上不悅（見馬永卿所編劉諫議語且云温公聞之亦不悅或云恐無此事）所講書有容字中人以黃覆之曰上藩邸嫌名也先生講罷進言曰人主之勢不患不尊患臣下尊之過甚而驕心生耳此皆近習輩養成之不可以不戒請自今舊名嫌名皆勿復避（見語錄）時神宗之喪未除而百官以冬至表賀先生言節序變遷時思方切請改賀為慰

及除喪有司又將以開樂置宴先生又奏請罷宴曰除喪而用吉禮則因事用樂可矣今特設宴是喜之也見文集嘗聞後苑以金製水桶問之曰崇慶宮物也先生曰若上所御則我不敢不諫在職累月不言祿吏亦弗致既而諸公知之俾户部特給焉又不為妻求邑封或問之先生曰某起于草萊三辭不獲而後受命今日乃為妻求封乎見語録經筵承受張茂則嘗招諸講官啜茶觀畫先生曰我平生不啜茶亦不識畫竟不往見龜山語録或云恐

無此事文潞公嘗與呂范諸公入侍經筵聞先生講說退相與嘆曰真侍講也一時人士歸其門者甚盛而先生亦以天下自任論議褒貶無所顧避由是同朝之士有以文章名世者疾之如讐與其黨類巧為謗詆見龜山語錄王公繫年錄呂申公家傳及先生之子端中所撰集序又按蘇軾奏狀亦自云臣素疾程某之姦未嘗假以辭色又按侍御史呂陶言明堂降赦臣僚稱賀訖而兩省官欲往奠司馬光是時程頤言曰子於是日哭則不歌豈可賀赦才了却往弔喪坐客有難之曰子于是日哭則不歌即不言歌則不哭今已賀赦了却往弔喪于禮無害蘇軾遂以鄙語戲程頤衆皆大笑結怨之端蓋自此始又語錄云國忌行香伊川令供素饌子瞻詰之曰正

叔不好佛胡為食素先生曰禮居喪不飲酒不食肉忌日喪之餘也子瞻令具肉食曰為劉氏者左袒于是范淳夫輩食素秦黃輩食肉又鮮于綽傳信録云舊例行香齋筵兩制以上及臺諫官設蔬饌然以粗糲遂輪為食會皆用肉食矣元祐初崇政殿說書程正叔以食肉為非是議為素食衆多不從一日門人范淳夫當排食遂具蔬饌内翰蘇子瞻因以鄙語戲正叔正叔門人朱公掞輩銜之遂立敵矣是後蔬饌亦不行又語録云時吕申公為相凡事有疑必質于伊川進退人才二蘇疑伊川有力故極詆之又曰朝廷欲以游酢為某官蘇右丞沮止毁及伊川宰相蘇子容曰公未可如此頌觀過其門者無不肅也又按劉諫議盡言集亦有異論劉非蘇黨蓋不相知耳

一日赴講會上瘡疹不坐已累日先生退詣宰臣問上不御殿知否曰不知先生曰二聖臨朝上不

御殿太皇太后不當獨坐且人主有疾而大臣不知可乎翼日宰臣以先生言奏請問疾由是大臣亦多不悅而諫議大夫孔文仲因奏先生汙下憸巧素無鄉行經筵陳說僭橫忘分遍謁貴臣歷造臺諫騰口間亂以償恩讐致市井目為五鬼之魁請放還田里以示典刑八月差管勾西京國子監見舊實錄又文仲傳載呂申公之言曰文仲為蘇軾所誘脅論事皆用軾意又呂申公家傳亦載其與呂大防劉摯王存同較文仲所論朱光庭事語甚激切且云文仲本以伉直稱然惷不曉事為浮薄輩所使以害善良晚乃自知為小人所紿憤鬱嘔血而死按舊錄固多妄然此類

不為無據新錄皆刪之失其實矣又范太史家傳云元祐元年奏曰臣伏見元祐之初陛下召程頤對便殿自布衣除崇政殿說書天下之士皆忻謂得人實為希闊之美事而纔及歲餘即以人言罷之頤之經術行誼天下共知司馬光呂公著皆與頤相知二十餘年然後舉之此二人者非為欺罔以誤聖聽也頤在經筵切于皇帝陛下進學故其講說語常繁多草茅之人一旦入朝與人相接不為關防未習朝廷事體而言者謂頤大佞大邪貪黷請求奔走交結又謂頤欲以故舊傾大臣以意氣役臺諫其言皆誣罔非實也蓋當時臺諫官王巖叟朱光庭賈易皆素推服頤之經行故不知者指以為頤黨陛下慎擇經筵之官如頤之賢乃足以輔導聖學至如臣輩叨備講職實非敢望頤也臣久欲為頤一言懷之累年猶豫不果使頤受誣罔之謗于公正之朝臣每思之不無愧也今臣已乞去職若復召頤勸講必有補聖明臣雖終老在外無所憾矣

先生既就

職再上奏乞歸田里曰臣本布衣因說書得朝官今以罪罷則所授官不當得三年又請皆不報乃乞致仕至再又不報五年正月丁大中公憂去官七年服除除直秘閣判西京國子監王公繫年錄云元祐七年三月四日延和奏事三省進呈程頤服除欲與館職判檢院簾中以其不靖令只與西監遂除直秘閣判西京國子監初頤在經筵歸其門者甚盛而蘇軾在翰林亦多附之者遂有洛黨蜀黨之論二黨道不同互相非毀頤竟為蜀黨所擠今又適軾弟轍執政才進稟便云但恐不肯靖簾中入其說故頤不復得召先生再辭極論儒者進退之道見文集而監察御史董敦逸奏以為有怨望輕躁語五

月改授管勾崇福宮見舊錄未拜以疾尋醫元祐九年哲宗初親政申秘閣西監之命先生再辭不就見文集紹聖間以黨論歸田里四年十一月送涪州編管見實錄門人謝良佐曰是行也良佐知之乃族子公孫與邢恕之為爾先生曰族子至愚不足責故人情厚不敢疑孟子既知天焉用尤臧氏見語錄元符二年正月易傳成而序之三年正月徽宗即位移峽州四月以赦復宣德郎任便居住制見曲阜集還洛記善錄云先生歸自涪州氣貌容色髭髮皆勝平昔十月復通

直郎權判西京國子監先生既受命即謁告欲遷延為尋醫計而供職門人尹焞深疑之先生曰上初即位首被大恩不如是則何以仰承德意然我之不能仕蓋已決矣受一月之俸焉然後惟我所欲爾見文集語錄又劉忠肅公家私記云此除乃李邦直范彞叟之意

建中靖國二年五月追所復官依舊致仕前此未嘗致仕而云依舊致仕疑西監供職不久即嘗致仕也未詳

崇寧二年四月言者論其本因姦黨論薦得官雖嘗明正罪罰而敘復過優已追所復官又云敘復過優亦未詳今復著書非毀朝政于是有旨

追毀出身以來文字其所著書令監司覺察語錄云范致虛言程某以邪說詖行惑亂衆聽而尹焞張繹為之羽翼事下河南府體究盡逐學徒復隸黨籍先生于是遷居龍門之南止四方學者曰尊所聞行所知可矣不必及我門也見語錄五年復宣義郎致仕見寶錄時易傳成書已久學者莫得傳授或以為請先生曰自量精力未衰尚覬有少進耳其後寢疾始以授尹焞張繹尹焞曰先生踐履盡易其所作傳只是因而爲成熟讀玩味即可見矣又云先生平生用意惟在易傳求先生之學者觀此足矣語錄之類出于學者所記所見有淺深故所記有工拙蓋未能無失也見語錄大觀二年九月

庚午卒于家年七十有五見實錄于疾革門人進曰先生平日所學正今日要用先生力疾微視曰道著用便不是其人未出寢門而先生沒見語錄一作門人郭忠孝尹子云非也忠孝自黨事起不與先生往來及卒亦不致奠初明道先生嘗謂先生曰異日能使人尊嚴師道者我弟也若接引後學隨人材而成就之則予不得讓焉見語錄侯仲良曰朱公掞見明道于汝州踰月而歸語人曰光庭在春風中坐了一月游定夫楊中立來見伊川一日先生坐而瞑目二子侍立不敢去久之先生乃顧曰二子猶在此乎日暮矣姑就舍二子者退則門外雪深尺餘矣其嚴厲如此晚年接學者乃更平易蓋其學已到至處但于聖人

氣象差少從容爾明道則已從容惜其早死不及用也使及用于元祐間則不至有今日事矣

先生既没昔之門人高弟多已先亡無有能形容其德美者然先生嘗謂張繹曰我昔狀明道先王之行我之道蓋與明道同異時欲知我者求之于此文可也見集序

尹焞曰先生之學本于至誠其見于言動事為之間處中有常疏通簡易不為矯異不為狷介寬猛合宜莊重有體或說匍匐以弔喪誦孝經以追薦皆無此事衣雖緼素冠襟必整食雖簡儉蔬飯必潔大中年老左右致養無違以家事自任悉力營辦細事必親贍給内外親族八十餘口又曰先生于書無所不讀于事無所不能謝良佐曰伊川才大以之處大事必不動聲色指顧而集矣或曰人謂伊川守正則盡通變不足子之言若是何也謝子曰陝右

錢以鐵舊矣有議更以銅者已而會所鑄子不踰母謂無利也遂止伊川聞之曰此乃國家之大利也利多費省私鑄者衆費多利少盜鑄者息民不敢盜鑄則權歸公上非國家之大計乎又有議增解鹽之直者伊川曰價平則鹽易泄人人得食無積而不售者歲入必倍矣增價則反是已而果然司馬公既相薦伊川而起之伊川曰將累人矣使韓富當國時我猶可以有行也及溫公大變熙寧復祖宗之舊伊川曰役法當討論未可輕改也公不然之既而數年紛紛不能定由是觀之亦可以見其梗概矣

祭文

嗚呼利害生于身禮義根于心伊此心喪于利害而禮義以爲虛也故先生踽踽獨行斯世（一作于世）而衆乃以爲

迂也惟尚德者以為卓絕之行而忠信者以為孚也立義者以為不可犯而達權者以為不可拘也在我先生曾何有意心與道合一作道會泯然無迹無欲可以係羈兮自克者知其難也不立意以為言兮知言者識其要也德輶如毛毛猶有倫無聲無臭夫何可親嗚呼先生之道不可得而名也一作某等不得而名也伊言者反以為病兮此心終不得而形也惟一作雖泰山以為高兮日月以為明也春風以為和兮嚴霜以為清也在昔諸儒各行其志

或得于數或觀于禮學者趣之（一作趨之）世濟其美獨我先生淡乎無味得味之真死其乃已自某之見（一作某等受教）七年于茲含孕化育以蓄以滋天地其容我兮父母其生之君親其臨我兮夫子其成之欲報之心何日忘之先生有言（一本上有昔字）見于文字者有七分之心猶或可推而今而後將築室于伊雒之濱望先生之墓以畢我此生也（一本無我字）嗚呼夫子沒而微言絶則固不可得而聞也（一本上有某等字）然天不言而四時行地不言而百物生惟與

二三子一本無此五字有亦當字洗心去智格物去意期默契斯道在先生為未亡也嗚呼二三子之志一作某等之志不待物而後見先生之行不待誅而後徵然而山頹梁壞何以寄情淒風一奠敬祖于庭百年之恨併此以傾

尹子曰先生之葬洛人畏入黨無敢送者故祭文惟張繹范域孟厚及焞四人乙夜有素衣白馬至者視之邵溥也乃附名焉蓋溥亦有所畏而薄暮出城是以後又案語録云先生以易傳授門人曰

只說得七分學者更須自體究故祭文有七分之語云

奏狀節略　胡安國

伏見元祐之初宰臣司馬光吕公著秉政當國急于得人首薦河南處士程頤乞加召命擢以不次遂起韋布超居講筵自司勸講不為辯辭解釋文義所以積其誠意感通聖心者固不可得而聞也及當官而行舉動必由乎禮奉身而去進退必合乎義其修身行法規矩準

繩獨出諸儒之表門人高第莫獲繼焉雖崇寧間曲加防禁學者向之私相傳習不可遏也其後頤之門人如楊時劉安節許景衡馬伸吴給等稍稍進用于是士大夫爭相淬礪而其間志于利祿者託其說以自售學者莫能別其真偽而河洛之學幾絶矣壬子年臣嘗至行闕有仲并者言伊川之學近日盛行臣語之曰伊川之學不絶如綫可謂孤立而以為盛行何也豈以其說滿門之人傳寫耳納口出而以為盛乎自是服儒冠者以

伊川門人妄自標榜無以屈服士人之心故衆論洶洶深加詆誚夫有為伊洛之學者皆欲屏絶其徒而乃上及于伊川臣竊以為過矣夫聖人之道所以垂訓萬世無非中庸非有甚高難行之說此誠不可易之至論也然中庸之義不明久矣自頤兄弟始發明之然後其義可思而得不然則或謂高明所以處已中庸所以接物本末上下析為二途而其義愈不明矣士大夫之學宜以孔孟為師庶幾言行相稱可濟時用此亦不可易之

至論也然孔孟之道不傳久矣自頤兄弟始發明之而後其道可學而至也不然則或以六經語孟之書資口耳取世資而干利祿愈不得其門而入矣今欲使學者蹈中庸師孔孟而禁使不得從頤之學是入室而不由户也不亦誤乎夫頤之文于易則因理以明象而知體用之一源于春秋則見諸行事而知聖人之大用于諸經語孟則發其微旨而知求仁之方入德之序然則狂言怪語淫説鄙論豈其文也哉頤之行其行已接物則

忠誠動于州里其事親從兄則孝悌顯于家庭其辭受取舍非其道義則一介不以取與諸人雖禄之千鍾有必不顧也其餘則亦與人同爾然則幅巾大袖高視闊步豈其行也哉昔者伯夷柳下惠之賢微仲尼則西山之餓夫東國之黜臣爾本朝自嘉祐以來西都有邵雍程顥及弟頤關中有張載此四人者皆道學德行名于當世會王安石當路重以蔡京得政曲加排抑故有西山東國之阨其道不行深可惜也今雍所著有皇極經

世書載有正蒙書頤有易春秋傳顥雖未及著述而門

弟子質疑請益答問之語存于世者甚多又有書疏銘

詩並行于世而傳者多失其真臣愚伏望陛下特降指

揮下禮官討論故事以此四人加之封號載在祀典以

見聖世雖當禁暴誅亂奉詞伐罪之時猶有崇儒重道

尊德樂義之意仍詔館閣裒集四人之遺書委官校正

取旨施行便于學者傳習羽翼六經以推尊仲尼孟子

之道使邪說者不得乘間而作而天下之道術定豈曰

小補之哉

遺事二十一條

王霖公澤言明道伊川隨侍大中知漢州宿一僧寺明道入門而右從者皆隨之伊川入門而左獨行至法堂上相會伊川自謂此是頤不及家兄處盖明道和易人皆親近伊川嚴重人不敢近也尹焞云亦嘗聞先生言之見涪陵記善錄

韓持國與二先生善韓在潁昌欲屈致之預戒諸子侄

使治一室至于修治窗户皆使親爲之二先生至暇日與持國遊西湖命諸子侍行次有言貌不莊敬者伊川回視厲聲叱之曰汝輩從長者行敢笑語如此韓氏孝謹之風衰矣持國遂皆逐去之聞之持國之子宗質彬叔云見祁寬録尹和靖語

伊川先生居經筵建言今之經筵實古保傅之任欲使内臣十人供侍左右儻人君出一言舉一事食一果實必使經筵知之有翦桐之戲則隨事箴規違養生之方

則應時諫止吕申公曰主少非可為之時也伊川曰正可為也責不在人主而人臣當任之耳見庭聞藁錄

程子在講筵執政有欲用之為諫官者乎聞之以書謝曰公知射乎有人執弓于此發而多中人皆以為善射矣一日使羿立于其傍道之以彀率之法不從羿且怒而去矣從之則戾其故習而失多中之巧故不若處羿于無事之地則羿得盡其言而用捨羿不恤也頤才非羿也然聞羿之道矣慮其害公之多中也見遺書

文潞公尹洛先生時爲判監一日府會先生往赴到客次見樂人來呈樂語曲詞先生訝之問故對曰昨日得太師鈞旨明日請程侍講詞曲並要嚴謹依禮法故先來呈富鄭公司馬温公居鄉里尤所尊禮吕正獻公范忠宣公過洛必先來見吕滎公兄弟與先生書必滌筆硯正衣冠然後寫其爲當時禮敬如此見涪陵記善録

伊川與韓持國善約候韓年八十一往見之是歲元日因子弟賀正乃曰頤今年有一債未還春中當暫往頹

昌見韓持國乃往造焉久留頼昌韓早晚伴食禮貌加敬一日韓密謂其子彬叔曰先生遠來無以為意我有黄金藥楪一重三十兩似可為先生壽然未敢遽言之我當以他事使汝侍食因從容道我意彬叔侍食如所戒試啓之先生曰頤與乃翁道義交故不遠而來奚以此為詰朝遂歸持國謂其子曰我不敢言正為此耳再三謝過而别見祁寬録尹和靖語

吕汲公以百縑遺子子辭之時子族兄子公孫在旁謂

子曰勿為己甚姑受之子曰公之所以遺頤者以頤貧也公位宰相能進天下之賢隨才而任之則天下受其賜也何獨頤貧也天下貧者亦衆矣公帛固多恐公不能周也見遺書下同

殿帥苗履見先生于陵下時先生方辭西監之命履問曰朝廷處先生如何則可先生曰且如山陵事茍得專處雖永安尉可也

先生嘗說頤于易傳今却已自成書但逐旋修改期以

七十其書可出韓退之稱聰明不及于前時道德日負于初心信然頤于易傳後來所改無幾不知如何故且更期之以十年之功看如何春秋之書待劉絢文字到却用功亦不多也今人解詩全無意思此却待出些文字中庸書却已成今農夫祁寒暑雨深耕易耨播種五穀我得而食之今百工技藝作為器用我得而用之甲冑之士披堅執銳以守土宇我得而安之却如此閒過了日月即是天地閒一蠹也功澤又不及民别事又做

不得惟有補緝聖人遺書庶幾有補耳陳長方見尹子于姑蘇問中庸解尹子云子云先生自以為不滿意焚之矣

問先生曾定六禮今已成未曰舊日作此已及七分後來被召入朝既在朝廷則當行之朝廷不當為私書既而遭憂又疾病數年今始無事更一二年可成也曰聞有六經解已成否曰惟易須親撰諸經則闗中諸公分去以頤說撰成之禮之名數陝西諸公刪定已送與呂與叔與叔今死矣不知其書安在也然所定只禮之名

數若禮之文亦非親作不可也

先生被謫時李邦直尹洛令都監來見伊川才出見之便請上轎先生欲略見叔母亦不許莫知朝命云何是夜宿于都監廳明日差人管押成行至龍門邦直遣人賷金百星先生不受既歸門人問先生臨行時諸公賷行皆受邦直亦是親戚何為不受先生曰與頤相知即可受渠是時已與頤不相知豈可受耶見涪陵記善錄

伊川先生言昔貶涪州渡漢江中流船幾覆舟中人皆

號哭伊川獨正襟安坐如常已而及岸同舟有父老問曰當船危時君獨無怖色何也伊川曰心存誠敬爾父老曰心存誠敬固善然不若無心先生欲與之言父老徑去不顧見邵氏聞見錄下同

伊川先生元祐初司馬温公薦侍講禁中時哲宗幼冲先生以師道自居後出判西京國子監兩加直秘閣皆辭之黨禍起涪州先生註周易與門弟子講學不以為憂赦得歸不以為喜

先生自涪陵歸易傳已成未嘗示人門弟子請益有及易書者方命小奴取書篋以出身自發之以示門弟子非所請不敢多閱門弟子請問易傳事雖有一字之疑先生必再三喻之蓋其潛心甚久未嘗容易下一字見呂堅中所錄尹和靖語

先生云吾四十以前讀誦五十以前研究其義六十以前反覆紬繹六十以後著書著書不得已見遺書下同

先生謂張繹曰我受氣甚薄三十而浸盛四十五十而

後完今生七十二年校其筋骨于盛年無損也繹因請曰先生豈以受氣之薄而厚為保生邪先生默然曰我以忘生徇欲為深恥

焞年二十方登先生之門被教誘諄諄嘗得朱公掞所論雜說呈先生問此書可觀否先生留半月一日請曰前日所呈雜說如何先生曰頤在何必觀此若不得頤心只是記得他意焞自是不敢復讀見涪陵記善錄及尹公跋夏畟所藏

語錄

後

南方學者從伊川旣久有歸者或問曰學者久從學于門誰是最有得者伊川曰豈敢便道有得處且只是指與他个岐徑令他尋將去不錯了已是感大𢚩若夫自得尤難其人謂之得者便是已有也見祁寛所記尹和靖語

胡文定公曰安國昔嘗見鄒志完論近世人物因問程明道如何志完曰此人得志使萬物各得其所又問伊川如何曰却不得比明道又問何以不得比曰爲有不通處又問侍郎先生言伊川不通處必有言行可證願

閒之志完色動徐曰有一二事恐門人或失其傳後來在長沙再論河南二先生學術志完却曰伊川見處極高因問何以言之曰昔鮮于侁曾問顔子在陋巷不改其樂不知所樂者何事伊川却問曰尋常道顔子所樂者何侁曰不過是說顔子所樂者道伊川曰若說有道可樂便不是顔子以此知伊川見處極高又曰浩昔在頴昌有趙均國者自洛中來浩問曾見先生有何語均國曰先生語學者曰除却神祠廟宇人始知為善古人

觀象作服便是為善之具見胡文定公集

伊川常服繭袍高帽簷劣半寸一本云帽桶八寸簷半寸四直繫條曰此野人之服也深衣紳帶青緣篆文非禮勿視非禮勿聽非禮勿言非禮勿動見外書

伊川常愛衣皂或博褐紬襖其袖如常人所戴紗巾背後望之如鐘形其製乃似今道士謂之仙桃巾者不知今人謂之習伊川學者大袖方頂何謂見邵寛所記尹和靖語

伊洛淵源録卷四

欽定四庫全書

伊洛淵源錄卷五

宋 朱子 撰

康節先生

墓誌銘

明道先生

熙寧丁巳孟秋癸丑堯夫先生疾終于家洛之人弔哭者相屬于塗其尤親且舊者又聚謀其所以葬先生之子泣以告曰昔先人有言誌于墓者必以屬吾伯淳噫

先生知我者以是命我我何可辭謹按邵氏姬姓系出
召公故世為燕人大王父諱令進以軍職逮事藝祖始
家衡漳祖諱德新父諱古皆隱德不仕母李氏其繼楊
氏先生之幼從父徙共城晚遷河南葬其親于伊川遂
為河南人先生生于祥符辛亥至是蓋六十七年矣雍
先生之名而堯夫其字也娶王氏伯温仲良其二子也
先生之官初舉遺逸試將作監主簿後又以為潁川團
練推官辭疾不赴先生始學于百原堅苦刻厲冬不爐

夏不扇夜不就席者數年衛人賢之先生歎曰昔之人尚友于古而吾未嘗及四方遽可已乎於是走吳適楚過齊魯客梁晉久之而歸曰道其在是矣蓋始有定居之意先生少時自雄其才慷慨有大志既學力慕高遠謂先王之事為可必致及其學益老德益卲玩心高明觀天地之運化陰陽之消長以達乎萬物之變然後頹然其順浩然其歸在洛幾三十年始至蓬蓽環堵不蔽風雨躬爨以養其父母居之裕如講學于家未嘗强以

語人而就問者曰衆鄉里化之遠近尊之士人之道洛者有不公之府而必之先生之廬先生德氣粹然望之可知其賢然不事表襮不設防畛正而不諒通而不汚清明坦夷洞徹中外接人無貴賤親疏之間羣居宴飲笑語終日不取甚異于人顧吾所樂如何耳病畏寒暑常以春秋時行遊城中士大夫家聽其車音倒屣迎致雖兒童奴隸皆知歡喜尊奉其與人言必依于孝弟忠信樂道人之善而未嘗及其惡故賢者悅其德不賢者

服其化所以厚風俗成人材者先生之功多矣昔七十子學于仲尼其傳可見者惟曾子所以告子思而子思之所以授孟子者耳其餘門人各以其材之所宜為學雖同尊聖人所因而入者門户則衆矣況後此千餘歲師道不立學者莫知其從來獨先生之學為有傳也先生得之于李挺之挺之得之于穆伯長推其源流遠有端緒今穆李之言及其行事槩可見矣而先生淳一不雜汪洋浩大乃其所自得者多矣然而名其學者豈所謂

門户之衆各有所因而入者與語成德者昔難其居若先生之道就所至而語之則可謂安且成矣先生有書六十二卷命曰皇極經世古律詩二千篇題曰擊壤集先生之葬附于先塋實其終之年孟冬丁酉也銘曰嗚呼先生志豪力雄濶步長趨淩高厲空探幽索隱曲暢旁通在古或難先生從容有問有觀以飫以豐天不憖遺哲人之凶嗚臯在南伊流在東有寧一宮先生所終

行狀略　張峋

先生治易書詩春秋之學窮意言象數之藴明皇帝王霸之道著書十餘萬言研精極思三十年觀天地之消長推日月之盈縮攷陰陽之度數察剛柔之形體故經之以元紀之以會參之以世終之以系又斷自唐虞迄于五代本諸天道質以人事興廢治亂靡所不載其辭約其義廣其書著其旨隱嗚呼美矣至矣天下之能事畢矣先生少事北海李之才挺之挺之聞道于汶陽穆脩伯長伯長以上雖有其傳未之詳也先生既受其學

則又游于河汾之曲以至淮海之濱涉于濟汶達于梁宋苟有達者必訪之道無常師焉延退居共城廬于百原之上大覃思于易經夜不設寢日不再食三年而學以大成大名王豫天說博達之士尤長于易聞先生之篤志愛而欲教之既與之語三日得所未聞始大驚服卒捨其學而學焉北面而尊師之衛人乃知先生之為有道也年三十餘来遊于洛以為洛邑天下之中可以觀四方之士乃定居焉先生清而不激和而不流遇人

無貴賤賢不肖一接以誠長者事之少者友之善者與之不善者矜之故洛人久而益尊信之四方之學者與士大夫之過洛者莫不慕其風而造其廬先生之教人必隨其才分之高下不驟語而強益之或聞其言若不適其意先生亦不屑也故來者多而從者少見之者衆而知之者尚寡及接之久察其所處無不中于理叩其所有愈久而愈新則皆心悦而誠服先生未嘗有求于人或饋之以禮者亦不苟辭洛人為買宅丞相富公為

買園以居之仁宗嘉祐中詔舉遺逸畱守王公拱辰以先生應詔授將作監主簿今上熙寧之初復求逸士御史中丞呂公誨龍圖閣直學士祖公無擇與今丞相吳公充又以先生為言補潁川團練推官皆三辭不獲而後從命然卒稱疾不之官先生年六十始為隱者之服曰病且老矣不復能從事矣隆寒盛暑閉門不出曰非退者之宜也其于書無所不讀諸子百家之學皆究其本原而釋老技術之說一無所惑其志晚尤喜為詩平

易而造于理有擊壤集二十二卷自爲之序熙寧十年春得疾踰百日氣日耗而神益明矣七月癸丑啓手足于天津之南道德坊之第初先生葬其父于伊闕神陰原今從其兆父以明經教授鄉里及先生之長退老于家先生雖貧養之終身致其樂弟睦事先生甚謹飲食起居必身臨之惟恐不得其意益如先生之事其父母也不幸早亡

遺事一十五條

顥接人多矣不雜者三人張子厚邵堯夫司馬君實見程氏遺書下同

堯夫放曠

堯夫猶空中樓閣

堯夫豪傑之士根本不必帖地伯淳嘗戲以亂世之姦雄中道學之有所得者

堯夫詩云梧桐月向懷中照楊栁風來面上吹明道曰真風流人豪也

堯夫有詩云頻頻到口微成醉拍拍滿懷都是春又曰梧桐月向懷中照楊柳風來面上吹不止風月言皆有理又曰卷舒萬古興亡手出入幾重雲水身若莊周大抵寓言要入他放蕩之塲堯夫却皆有理萬事皆出於理自以為皆有理故要得從心妄行總不妨堯夫又得詩云聖人喫緊些兒事其言太急迫此道理平鋪地放著裏何必如此堯夫之學先從理上推意言象數言天下之理須出於四者推到理處曰我得此大者則萬事

由我無不定矣然未必有術要之亦難以治天下國家其為人則直是無禮不恭惟是侮玩雖天理亦為之侮玩如無名君傳言問諸天地天地不對自贊云弄丸餘暇時往時來之類

堯夫詩雪月風花未品題他便把這些事便與堯舜三代一般此等語自孟子後無人曾敢如此道來直是無端又如言文字呈上堯夫皆不恭之甚須信畫前元有易自從删後更無詩這箇意思元古未有人道來

行已須行誠盡處正叔謂意則善矣然言誠盡則誠之爲道非能盡也堯夫戲謂且就平側

邵堯夫謂程子曰子雖聰明然天下事亦衆矣子能盡知邪子曰天下之事頤所不知者固多然堯夫所謂不知者何事是時適雷起堯夫曰子知雷起處乎子曰頤知之堯夫不知也堯夫愕然曰何謂也子曰既知之安用數推之以其不知故待推而後知堯夫曰子以爲起於何處子曰起於起處堯夫瞿然稱善

晁以道嘗以書問康節之數于伊川伊川答書云頤與堯夫同里巷居三十年餘世間事無所不問惟未嘗一字及數

伯淳言邵堯夫疾革且言試與觀化一遭子厚言觀化他人便觀得自家又如何觀得化嘗觀堯夫詩意纔做得識道理却於儒術未見所得

邵堯夫臨終時只是諧謔須臾而去以聖人觀之則亦未是蓋猶有意也比之常人甚懸絶矣他疾甚革頤往

視之因警之曰堯夫平生所學今日無事否他氣微不能答次日見之却有聲如絲髮來大答云你道生薑樹上生我亦只得依你說是時諸公都在廳上議後事他在房間便聞得諸公恐喧他盡之外說話他皆聞得一人云有新報云云堯夫問有甚事曰有某事堯夫曰我將謂收却幽州也以他人觀之便以為怪此只是心虛而明故聽得也問堯夫未病時不如此何也曰此只是病後氣將絕心無念慮不昏便如此又問釋氏亦先知

死何也曰只是一箇不動心釋氏平生只學這箇事將這箇做一件大事學者不必學他但燭理明自能之只如堯夫事他自如此亦豈嘗學也

邵堯夫先生居洛四十年安貧樂道自云未常皺眉所居寢息處為安樂窩自號安樂先生又為甕牖讀書燕居其下旦則焚香獨坐晡時飲酒三四甌微醺便止不使至醉也中間州府以更法不餉餽寓實乃為薄粥以代之好事者或載酒以濟其乏嘗有詩云斟有淺深存

燮理飲無多少繫經綸又曰山翁山翁拙于用也能康濟自家身喜吟詩作大字書然遇興則為之不牽強也大寒暑則不出每出乘小車用一人挽之為詩以自詠曰花似錦時高閣望草如茵處小車行司馬公則以詩曰林間高閣望以久花外小車猶未來隨意所之遇主人喜客則留三五宿又之一家亦如之或經月忘返雖性高潔而接人無賢不肖貴賤皆歡然如親嘗自言若至大病自不能支其遇小疾得有客對話不自覺疾之

去體也學者來從之問經義精深浩博應對不窮思致幽遠妙極道數間與相知之深者開口論天下事雖久存心世務者不能及也見呂氏家塾記

堯夫直是豪才在風塵時節便是偏霸手段如富彥國身都將相嚴重有威人不敢仰視他將做小兒樣看待

或問堯夫所學如何謝子曰他只見得天理進退萬物消長之理便敢做大于聖人門下學上達事更不施工所以差卻堯夫精易之數事物之成敗終始人之禍福

脩短筭得來無豪髪差錯如指此屋便知起于何時至某年月日而壞無不如其言然二程不貴其術明道云堯夫數欲傳與某兄弟某兄弟那得工夫要學須是二十年工夫堯夫初學于李挺之師禮甚嚴雖在一野店飯必襴坐必拜欲學堯夫亦必如此伯淳聞說甚熟一日因監試無事以其說推筭之皆合出謂堯夫曰堯夫之數只是加一倍法以此知太玄都不濟事堯夫驚撫其背曰大哥你恁地聰明他日伊川問伯淳加倍之

數曰都忘之矣因歎其心無偏繫如此見上蔡語錄

伊洛淵源錄卷五

欽定四庫全書

伊洛淵源録卷六

宋　朱子　撰

橫渠先生

行狀

呂大臨

先生諱載字子厚世大梁人曾祖某生唐末歷五代不仕以子貴贈禮部侍郎祖復仕真宗朝為給事中集賢院學士贈司空父迪仕仁宗朝終于殿中丞知涪州事

贈尚書都官郎中涪州卒于西官諸孤皆幼不克歸僑寓于鳳翔郿縣横渠鎮之南大振谷口因徙而家焉先生嘉祐二年登進士第始仕祁州司法叅軍遷丹州雲巖縣令又遷著作佐郎簽書渭州軍事判官公事熙寧二年冬被召入對除崇文院校書明年移疾十年春復召還館同知太常禮院是年冬謁告西歸十有二月乙亥行次臨潼卒于館舍享年五十有八是月以其喪歸殯于家卜以元豐元年八月癸酉葬于涪州墓南之兆

先生娶南陽郭氏有子曰因尚幼先生始就外傅志氣不羣知虔奉父命守不可奪涪州器之少孤自立無所不學與邠人焦寅游寅喜談兵先生説其言當康定用兵時年十八慨然以功名自許上書謁范文正公公一見知其遠器欲成就之乃責之曰儒者自有名教何事于兵因勸讀中庸先生讀其書雖愛之猶未以為足也于是又訪諸釋老之書累年盡究其説知無所得反而求之六經嘉祐初見洛陽程伯淳正叔兄弟于京師共

語道學之要先生涣然自信曰吾道自足何事旁求乃盡棄異學淳如也間起從仕日益久學益明方未第時文潞公以故相判長安聞先生名行之美聘以束帛延之學宫異其禮際士子矜式焉其在雲巖政事大抵以敦本善俗為先每以月吉具酒食召鄉人高年會于縣庭親為勸酬使人知養老事長之義因問民疾苦及告所以訓戒子弟之意有所教告常患文檄之出不能盡達于民每召鄉長于庭諄諄口諭使往告其里閭間有

民因事至庭或行遇于道必問某時命某告某事聞否聞即已否則罪其受命者故一言之出雖愚夫孺子無不預聞知京兆王公樂道嘗延致郡學先生多教人以德從容語學者曰孰能少置意科舉相從于堯舜之域否學者聞法語亦多有從之者在渭渭帥蔡公子正特所尊禮軍府之政大小咨之先生夙夜從事所以贊助之力為多並塞之民常苦乏食而貸于官帑不能足又屬霜旱先生力言于府取軍儲數十萬以救之又言戍

兵徒往來不可爲用不若損數以募土人爲便上嗣位之二年登用大臣思有變更御史中丞呂晦叔薦先生于朝曰張載學有本原四方之學者皆宗之可以召對訪問上即命召既入見上問治道皆以漸復三代爲對上悦之曰卿宜日見二府議事朕且將大用卿先生謝曰臣自外官赴召未測朝廷新政所安願徐觀旬月繼有所獻上然之他日見執政執政嘗語曰新政之更懼不能任事求助于子何如先生對曰朝廷將大有爲天

下之士願與下風若與人為善則孰敢不盡如敎玉人追琢則人亦故有不能執政㸌然所語多不合寖不悦既命校書崇文先生辭未得謝復命案獄浙東或有為之言曰張載以道德進不宜使之治獄執政曰淑問如臯陶猶且獻囚此庸何傷獄成還朝會弟天祺以言得罪先生益不安乃謁告西歸居于横渠故居遂移疾不起横渠至僻陋有田數百畝以供歲計約而能足人不堪其憂而先生處之益安終日危坐一室左右簡編俯

而讀仰而思有得則識之或中夜起坐取燭以書其志道精思未始須臾息亦未敢須臾忘也學者有問多告以知禮成性變化氣質之道學必如聖人而後已聞者莫不動心有進又以為教之必能養之然後信故雖貧不能自給苟門人之無貲者雖糲蔬亦共之其自得之者窮神化一天人立大本斥異學自孟子以來未之有也嘗謂門人曰吾學既得于心則修其辭命辭無差然後斷事斷事無失吾乃沛然精義入神者豫而已矣近

世喪祭無法喪惟致隆三年自期以下未始有衰麻之變祭先之禮一用流俗節序燕褻不嚴先生繼遭期功之喪始治喪服輕重如禮家祭始行四時之薦曲盡誠潔聞者始或疑笑終乃信而從之一變從古者甚衆皆先生倡之先生氣質剛毅德盛貌嚴然與人居久而日親其治家接物大要正己以感人人未之信反躬自治不以語人雖有未喻安行而無悔故識與不識聞風而畏非其義也不敢以一毫及之其家童子必使灑埽應

對進退長者女子之未嫁者必使親祭祀納酒漿皆所以養孫弟就成德者嘗曰事親奉祭豈可使人為之聞人之善喜見顔色答問學者雖多不倦有不能者未嘗不開其端其所至必訪人才有可語者必丁寧以誨之惟恐其成就之晚歲適大歉至人相食家人惡米不鑿將舂之先生亟止之曰飢殍滿野雖蔬食且自愧又安忍有擇乎甚或咨嗟對案不食者數四熙寧九年秋先生感異夢忽以書屬門人乃集所立言謂之正蒙出示

門人曰此書予歷年致思之所得其言殆于前聖合與大要發端示人而已其觸類廣之則吾將有待于學者正如老木之株枝别固多所少者潤澤華葉爾又嘗謂春秋之為書在古無有乃聖人所自作惟孟子為能知之非理明義精殆未可學先儒未及此而治之故其説多穿鑿及詩書禮樂之言多不能平易其心以意逆志方且條舉大例考察文理與學者緒正其説先生慨然有意三代之治望道而欲見論治人先務未始不以經

界為急講求法制粲然備具要之可以行于今如有用我者舉而措之爾嘗曰仁政必自經界始貧富不均教養無法雖欲言治皆苟而已世之病難行者未始不以亟奪富人之田為辭然兹法之行悦之者衆苟處之有術期以數年不刑一人而可復所病者特上未之行爾乃言曰縱不能行之天下猶可驗之一鄉方與學者議古之法共買田一方畫為數井上不失公家之賦役退以其私正經界分宅里立斂法廣儲蓄興學校成禮俗

恤菑患敦本抑末足以推先王之遺法明當今之可行此皆有志未就會秦鳳帥呂公薦之曰張載之學善發聖人之遺意其術畧可措之以復古乞召還舊職訪以治體詔從之先生曰吾是行也不敢以疾辭庶幾有遇焉及至都公卿聞風慕之然未有深知先生者以所欲言嘗試于人多未之信會有言者欲講行冠婚喪祭之禮詔下禮官禮官安習故常以古今異俗為說先生獨以為可行且謂稱不可非儒生博士所宜衆莫能奪然

議卒不決郊廟之禮禮官預爲先生見禮不致嚴亟欲正之而衆莫之助先生益不悅會有疾謁告以歸知道之難行欲與門人成其初志不幸告終不卒其願歿之日惟一篋在側囊中索然明日門人之在長安者繼來奔哭致賻襚始克斂遂奉柩歸殯以葬又卜以三月而葬其治喪禮一用古以終先生之志某惟先生之學之至備存于書畧述于謚議矣然欲求文以表其墓必得行事之迹敢次以告

哭子厚先生詩　明道先生

歎息斯文約共脩如何夫子便長休東山無復蒼生望西土誰供後學求千古聲名聯棣蕚二年零落去山邱寢門慟哭知何恨豈獨交親念舊遊

論謚書　司馬温公

橫渠之殁門人欲謚為明誠夫子質于明道先生先生疑之訪于温公以為不可此帖不見于文集今藏龜山楊公家

光啓昨日衆問張子厚謚倉卒奉對以漢魏以來此例

甚多無不可者退而思之有所未盡竊惟子厚平生用心欲率今世之人復三代之禮者也漢魏以下蓋不足法郊特牲曰古者生無爵死無謚爵謂大夫以上也檀弓記禮所由失以為士之有誄自縣賁父始子厚官比諸侯之大夫則已貴宜有謚矣然曾子問曰賤不誄貴幼不誄長禮也惟天子稱天以誄之諸侯相誄非禮也諸侯相誄猶為非禮況弟子而誄其師乎孔子之殁哀公誄之不聞弟子復為之謚也子路欲使門人為臣孔

子以為欺天門人厚葬顔淵孔子歎不得視猶子也君子愛人以禮今關中諸君欲謚子厚而不合于古禮非子厚之志與其以陳文範陶靖節王文中孟貞曜為比其尊之也曷若以孔子為比乎承關中諸君決疑于伯淳而伯淳謙遜博謀及于淺陋不敢不盡所聞而獻之以備萬一惟伯淳裁擇而折衷之光再拜

遺事一十九條

伯淳嘗與子厚在興國寺講論終日而曰不知舊日曾

有甚人于此處講此事以下並見程氏遺書

子厚則高才其學更先從雜博中過來

子厚以禮教學者最善使學者先有所據守

子厚聞皇子生甚喜見餓殍者食便不美

橫渠言氣自是橫渠作用立標以明道

訂頑之言極純無雜秦漢以來學者所未到

西銘顥得此意只是須得他子厚有如此筆力他人無

緣做得孟子以後未有人及此得此文字省多少言語

且教他人讀書要之仁孝之理備于此須臾而不于此則便不仁不孝也孟子之後只有原道一篇其間言語固多病然大要儘近理若西銘則是原道之宗祖也問西銘何如伊川先生曰此横渠文之粹者也曰充得盡時如何曰聖人也横渠能充盡否曰言有多端有有德之言有造道之言有德之言説自己事如聖人言聖人事也造道之言則智足以知此如賢人説聖人事也横渠道儘高言儘醇自孟子後儒者都無他見識

楊時致書伊川先生曰西銘言體而不及用恐其流遂至于兼愛先生荅之曰横渠立言誠有過者乃在正蒙西銘之為書推理以存義擴前聖所未發與孟子性善養氣之論同功豈墨氏之比哉西銘明理一而分殊墨氏則二本而無分子比而同之過矣且謂言體而不及用彼欲使人推而行之本為用也反謂不及不亦異乎見程氏文集下同

伊川先生荅先生書曰觀吾叔之見志正而謹嚴如虛

無即氣則虛無之語深探遠賾豈後世學者所嘗慮及也然此語未能無過餘所論以大槩氣象言之則有苦心極力之象而無寬裕溫厚和一作之氣非明睿所照而考索至此故意屢偏而言多窒小出入時有之明所照者如目所覩纖微盡識之矣考索至者如揣料于物約見髣髴爾能無差乎更望完養思慮涵泳義理他日當自條暢

問横渠言由明以至誠由誠以至明如何伊川先生曰

由明至誠此句却是由誠至明則不然誠則明也孟子曰我知言我善養吾浩然之氣只我知言一句已盡橫渠之言不能無失類若此若西銘一篇誰說得到此今以管窺天固見北斗別處雖不見北斗不可謂不是也

見程氏遺書下同

問橫渠之書有迫切處否伊川先生曰子厚謹嚴纔謹嚴便有迫切氣象無寬舒之氣

橫渠嘗言吾十五年學箇恭而安不成明道曰可知是

學不成有多少病在見上蔡語録下同

横渠著正蒙時處處置筆硯得意即書明道云子厚却如此不熟

横渠教人以禮為先大要欲得正容謹節其意謂世人汗漫無守便當以禮為地教他就上面做工夫然其門人下梢頭溺于刑名度數之間行得來困無所見處如喫木扎相似更沒滋味遂生厭倦故其學無傳之者明道先生則不然先使學者有知識窮得物理却從敬上

涵養出來自然有别

横渠再移疾西歸過洛見二程先生曰載病不起尚可及長安行至臨潼沐浴更衣而寢及旦視之亡矣門生衰絰挽車以葬見邵氏聞見録

吕與叔作横渠行狀有見二程盡棄其學之語尹子言之先生曰表叔平生議論謂頤兄弟有同處則可若謂學于頤兄弟則無是事頃年屬與叔删去不謂尚存斯言幾于無忌憚矣見程氏遺書

案行狀今有兩本一云盡棄其學而學焉一云于是盡棄異學淳如也其他不同處亦多要皆後本為勝疑與叔後嘗刪改如此今特據以為定然龜山集中有跋橫渠與伊川簡云橫渠之學其源出于程氏而關中諸生尊其書欲自為一家故予録此簡以示學者使知橫渠雖細務必資于二程則其他固可知已案橫渠有一簡與伊川問其叔父葬事末有提耳懇激之言疑龜山所跋即此簡也然與伊川此言蓋退讓不居之意而橫渠之學實亦自成一家但其源則自二先生發之耳

張御史

行狀

君諱戩字天祺少而莊重有老成之氣不與羣童子狎

戲長而好學不喜為雕蟲之辭以從科舉父兄敦迫諭以為貧乃强起就鄉貢既冠登進士第調陝州閿縣主簿移鳳翔普潤縣令改秘書省著作佐郎知陝州靈寶渠州流江懷安軍金堂縣事轉太常博士熙寧二年起為監察御史裏行明年以言事出知江陵府公安縣改陝州夏縣轉運使舉監鳳翔府司竹監秩滿以熙寧九年三月朔旦感疾卒享年四十有七君歷治六七邑誠心愛人而有術以濟之力行不怠所至皆有顯效視民

之不得其所若已致之極其智力必濟而後已靈寶采稍歲用民力久為困擾至則訪其利害纖悉得之乃計一夫之役采稍若干以計其直請命民納市于有司而罷其役止就河壖為場立價募民采伐以給用言于郡守監司皆不之聽後以御史言于朝廷行之竹監歲發旁縣夫伐竹一月罷君謂無名以使民乃籍隸監園夫以日月課伐以足歲計其為邑養老恤窮皆有常察惡勸善皆有籍鉤考會計密察不苛府吏束手聽命舉莫

能欺嘗攝令華州蒲城蒲城劇邑民悍使氣不畏法令鬬訟寇盜倍蓰他邑異時令長以峻法治之姧愈不勝君悉寛條禁有訟至庭必以理敦喻使無犯法閭召父老使之教篤子弟服學省過作記善簿民有小善悉以籍之月吉以俸錢為酒食召邑之高年聚于縣廨以勞之使其子孫侍因勸以孝弟之道不數月邑人化之獄訟為衰熈寧初上初即位登用大臣將大有為以御史召君喜以為千載之遇間見進對未嘗不以堯舜三代

之事進于上前惻怛之愛無所遷避其大要啟君心進有德謂反經正本當自朝廷始不先諸此而治其末未見其可也事有不關興衰者人雖以為可言皆濶畧不辯既而見新政所更寖異初議左右邇臣不以德進君爭之不可乃告諸執政執政笑而不答君曰戩之狂易宜其為君所笑然天下之士笑公為不少矣章十數上卒不納乃歎曰茲未可已乎遂謝病不朝居家待罪卒罷言職既去位未嘗以諫草示人不說人以無罪天下

士大夫聞其風者始則聳然畏之終乃服其厚自公安攺知夏縣縣素號多訟君待以至誠反復教喻不逆不億不行小恵訟者往往叩頭自引不五六月刑省而訟衰未幾靈寶之民遮使者車請曰今夏今張君乃吾昔日之賢令也願使君哀吾民乞張君還舊治使者欣然聽其辭而言于朝去之日遮道送不得行父老曰昔者人以吾邑之人無良喜訟自公來民訟幾希是惟公知吾邑民之不喜訟也言已皆泣下君篤實寛裕儼然正

色雖喜慍不見于容然與人居溫厚之意久而益親終日言未嘗不及于義接人無貴賤疏戚未嘗失色于一人樂道人之善而不及其惡樂進己之德而不事無益之言其清不以能病人其和不以物奪志常雞鳴而起勉勉矯強任道力行每若不及德大容物沛若有餘常自省小有過差必語人曰我知之矣公等察之後此不復為矣重然諾一言之欺以為己病少孤不得事親而奉其兄以弟就養無方極其恭愛推而及諸族姻故舊

罔不周恤有妹寡居子不克家君力為經其家事別内外之限制財用之節男有傅女有歸誠意懇切不弛其勞人以為難而自處裕如也有一二故人死不克葬十餘年君惻然不安帥其知識合力聚財乃克襄其事兄載重于世常語人曰吾弟德性之美吾有所不如其不自假而勇于不屈在孔門之列宜與子夏後先晚而講學而達又曰吾弟全器也然語道而合乃自今始有弟如此道其無憂乎既暴病卒載哭失聲如不欲生將葬

手疏哀辭納諸壙曰哀哀吾弟而今而後戰兢免夫是月還葬以從先大夫之兆將求有道者以銘其墓大臨惟君之善有不勝書要其大者蓋其力之厚任天下之重而不辭其氣之強篤行禮義而無倦其忠之盛使死者復生而無憾是宜得善言以傳諸後敢次其狀以請

按呂氏文集有書請于明道先生先生嘗許誌御史之墓今文集無之疑未及作也

遺事 五條

張戩為監察裏行請罷條例司因詣中書極陳其事辭

氣甚厲介甫以扇掩面而笑戩怒曰參政笑戩戩亦笑參政所為事耳豈惟戩笑天下誰不笑之者暘叔解之曰察院不須如此戩顧曰只相公得為無過耶退而家居申臺不視事而待罪（見溫公日録）

張戩嘗于政事堂與介甫爭辯事因舉經語為證介甫曰安石卻不會讀書賢卻會讀書戩不能答伊川先生因曰卻不向道只這箇便是不會讀書（見程氏遺書下同）

天祺有自然德氣似箇貴人氣象只是卻有氣短處規

規太以事為重傷于周至却是器局小景庸則只是才敏須是天祺與景庸相濟乃得為中也薛景庸名昌朝横渠門人嘗為御史論新法天祺有自然德氣望之有貴人之象只是器局小太規規以事為重也昔在司竹嘗愛用一卒長及將代自見其人盜筍皮遂治之無少貸罪已正待之復如初略不介意其德量如此又郎氏聞見録云天祺在司竹舉家不食筍

藻鑑人物自是人才有通悟處學不得也張子厚善鑑

裁其弟天祺學之便錯

伊洛淵源録卷六

總校官進士臣程嘉謨

校對官編修臣吳省蘭

謄録監生臣何炳然